一番やさしい
地方自治の本
＜第２次改訂版＞

平谷 英明

学陽書房

第2次改訂にあたって

　初版を上梓して以来10年近くの歳月が流れました。
　この間に
(1) 第2次地方分権が、第1次に比べればマスコミなどに取り上げられることは少なかったものの、義務付け・枠付け規定の廃止、縮小など着実に進展したこと
(2) 個性的な首長が登場し、それまでの地方自治制度が予期していなかったことを行ったため、地方自治法が改正されたり、新たに特例法などが制定されたこと
(3) 地方分権の進展に伴い、条例の対象領域が拡大。実際に多くの条例が制定されたため、これらの条例を分類、整理し、問題点などを指摘する必要が生じたこと
(4) マイナンバー法など地方自治制度に影響する法律が制定されたこと
(5) 空知太神社判決など地方自治をめぐる判例も積み重なってきたこと
などの変化やうねりがありました。
　これらの変化やうねりの中には、逆流や溢流（いつりゅう）もありましたが、地方分権は大きな流れとなって、逆流や溢流すらも取り込んで、より逞（たくま）しく、着実なものとなってきました。
　こうした変化については、その都度、第1次改訂版の発行、追録などの補完措置を講じてきましたが、体系的に全体像を描くまでには至りませんでした。

　この度、平成26年の地方自治法改正で第2次地方分権が一段落し、現時点での地方自治の全体像を描くことが可能となりましたので、初版の骨子と分かりやすさを残しながら、新たな制度を追加したり、古くなった説明を削除したり、書き方を変えたりして、大きく変更いたしました。

この本では、第1章〜第11章で、平成の地方分権後の最新の地方自治の姿を描き、第12章で「新しい地平（フロンティア）」と題して、制度面の変化、現象面の変化など変化の種々相を描き、併せて、地方分権が取り残したもの、今後の方向などについても解説しています。

　最新の地方自治の姿を制度面のみならず現象面を含めて把握するための入門書としてお読みいただければ、筆者としてこれにすぐる喜びはありません。

　第2次改訂版の発行にあたり、改正条文や判例など丹念にチェックしていただいた学陽書房の宮川純一さんに心から感謝いたします。

　2015年8月

平谷英明

はじめに

　今、わが国の地方自治を巡る情勢が大きく動いています。
　平成の大合併により、市町村数が3,232から1,820にと減少し、また、「中央から地方へ」のスローガンのもと、国と地方自治体の関係が上下のタテの関係から対等のヨコの関係へと変更されました。さらに、財政面から地方分権を推進するため「三位一体改革」も、その形が整えられました。
　こうした一連の改革は、明治維新、第二次世界大戦後の改革に匹敵する大規模なものです。
　この改革により増加した権限、財源のもとで、地方自治体は「自己決定と自己責任」の原則に基づいて行政を行うことができるようになりました。
　そこで、大きく変貌している現在の姿を含めて、地方自治のシステムを分かりやすく説明し、はじめて地方自治を学ぼうとする者が、地方自治制度のアウトラインを理解し、さらに、地方自治に興味を持ち、より深く研究しようとの意欲が湧くように、との思いから本書を執筆しました。
　そのため、執筆にあたっては、次のような工夫を凝らしています。
(1) 気軽に読めるように
　六法全書や法律辞典などが手元に無くても、読み進めていけるように、できるだけ分かりやすい言葉で説明しています。
(2) 興味の持てるように
　数多くの地方自治体の日々の活動の中には「事実は小説よりも奇なり」で、まるでドラマのような事件もあり、その結果、制度改正にいたった事例もあります。
　そのような話も、随所に紹介しています。

(3) イメージしやすいように

　大上段に憲法、法律から説明するのではなしに、選挙や市町村長のあいさつや市町村の窓口など日常目にするところから制度の説明をしています。

　本書は、はじめて地方自治法を学ぶ学生を対象として執筆しましたが、一方では、最新の地方自治の姿をつかもうとしている社会人や現実の行政実務を踏まえて再度地方自治法を学ぼうとしている公務員にとっても有用な書となるようにと思いつつ執筆しました。

　その思いのように、本書が学生のみならず、公務員などの社会人にとっても好個の書となれば、筆者の幸せです。

　本書の内容について貴重なアドバイスをいただいた総務省消防庁総務課長幸田雅治氏、大臣官房会計課企画官森源二氏及び本書の構成から索引のチェックにいたるまで、多くの点でお手数をおかけした学陽書房の鈴木和彦氏に心から感謝いたします。

　2006年6月

平谷英明

もくじ

第2次改訂にあたって ……………………………………………… 3
はじめに ………………………………………………………… 5
凡例 …………………………………………………………… 10

1章　自治体と私たちの暮らし　11

1　自治体と私たちの暮らしの深い関係 ……………………… 11
2　より満足のできる選択のために …………………………… 13
3　住民自治を保障するために ………………………………… 17

2章　どんな自治体があって、どんな仕事をしているのか　20

1　自治体の種類 ………………………………………………… 20
2　どんな仕事をしているのか ………………………………… 33
3　自治事務と法定受託事務 …………………………………… 38
4　自治体の仕事の限界 ………………………………………… 46

3章　私たちは自治体の住民──住民の権利と義務　54

1　住民の範囲 …………………………………………………… 54
2　選挙は住民自治の最も大切な実践の場 …………………… 61
3　次の選挙まで待てないとき──長の解職の直接請求など … 66
4　ルールを作りたいと思ったら──条例制定の直接請求など … 70
5　住民の義務 …………………………………………………… 73
6　自治体の構成要素 …………………………………………… 75

4章　誰が自治体を運営しているのか──執行機関　77

1　自治体の長は地域の代表 …………………………………… 77
2　ふさわしい人を長とするために──長の被選挙権、任期など … 81
3　長の仕事の補助 ……………………………………………… 89

4　執行機関の多元主義 …………………………………………… 96

5章　誰が眼を光らせているのか―議事機関　101
　1　議会の役割とその位置づけ …………………………………… 101
　2　議員の数はどのように決まり、どう選出されるのか ……… 105
　3　議会はどのように運営されているか ………………………… 109
　4　長と議会の意見が異なったとき ……………………………… 120

6章　地方財政のしくみ　128
　1　住民自治、団体自治を進めるために ………………………… 128
　2　経費の節減、効率化のために ………………………………… 142
　3　予算と決算のあらまし ………………………………………… 147
　4　民間活用による効率化 ………………………………………… 156

7章　ルールづくりは自らの手で―条例制定のしくみ　168
　1　私たちの行動を規制しているルールの種類と役割 ………… 168
　2　条例の効力など ………………………………………………… 176
　3　規則、要綱など ………………………………………………… 180

8章　より広く、より狭く―市町村合併とコミュニティづくり　188
　1　なぜ市町村は合併するのか …………………………………… 188
　2　広域行政 ………………………………………………………… 192
　3　狭域行政も大切 ………………………………………………… 199

9章　団体自治をより進めるために―国と自治体との関係　203
　1　国などの関与が必要な理由 …………………………………… 203
　2　自治体から国へ ………………………………………………… 209
　3　見解が分かれたとき―国地方係争処理委員会 …………… 211

10章　まちづくりに積極的に参加しよう　216

1　まずはよく知ることから ……………………………… 216
2　自治体も住民参加を呼びかけ ………………………… 220

11章　平成の地方分権　227

1　地方分権の必要性 ……………………………………… 227
2　平成の地方分権の歩み ………………………………… 230

12章　新しい地平（フロンティア）　237

1　地方分権で、何が変わったのか ……………………… 237
2　消滅自治体ショックと地方創生 ……………………… 241

あとがき ……………………………………………………… 245
索引 …………………………………………………………… 247

凡　例

1　法律などは、原則として、正式の名称の題名を記載していますが、頻繁に出てくる法律などについては、次の略称を用いています。

日本国憲法	憲法
地方自治法	自治法
市町村の合併の特例に関する法律	市町村合併特例法
住民基本台帳法	住基法
公職選挙法	公選法
民間資金等の活用による公共施設等の整備等の促進に関する法律	PFI 法
特定非営利活動促進法	NPO 法
地方公共団体の議会の解散に関する特例法	解散特例法
行政手続における特定の個人を識別するための番号の利用等に関する法律	マイナンバー法

2　条文を引用する場合は、次のように略記しています。

日本国憲法第 20 条第 1 項	憲法 20 条 1 項
地方自治法第 96 条第 1 項第 15 号	自治法 96 条 1 項 15 号
地方自治法第 12 条第 1 項かっこ書き	自治法 12 条 1 項かっこ書き

3　判決を引用する場合は、次のように略記しています。

最高裁判所	最高裁
最高裁判所大法廷判決	最大判
最高裁判所小法廷判決	最小判
高等裁判所	高裁
地方裁判所	地裁

4　市町村数などは、平成 27 年 4 月 1 日の数値を記載しています。

5　市町村の人口などは、2010 年の国勢調査の数値を記載しています。

1章 自治体と私たちの暮らし

1 自治体と私たちの暮らしの深い関係

ここがポイント

　現在の私たちの暮らしは、水道、道路、学校、病院、高齢者の介護など自治体からの様々なサービスのうえに成り立っています。私たちはこのような自治体のサービスを受ける立場にいるだけでなく、地方税を負担したり、選挙で長や議員を選んだりすることによって自治体のサービスを与える方の立場にも立っています。
　このように私たちは、いろいろな立場で自治体と関わっていますが、最近その関わりの度合いがますます強くなっています。

ゆりかごから墓場まで

　今日の私たちの暮らしは、文字どおり生まれてから（母子手帳の交付、出生届、乳幼児医療）死ぬまで（死亡届、公立葬祭場、公立墓地）、それぞれのライフ・ステージに応じて実に様々なサービスを自治体から受けています。また、日々の暮らしも、朝起きてから（洗面のための水道水）夜寝て以降も（就寝中の急病の場合の救急車）、自治体のサービスのうえに築かれています。
　一方、そのサービスを維持するために、私たちは税金や負担金や手数料などを自治体に支払っています。
　また、自治体のルールの青少年健全育成条例に違反して子供たちにヘンなことをしたおじさんが逮捕されたり、タバコのポイ捨て禁止条例によってくわえタバコが減って子供たちが歩きやすくなったといった話を新聞などで読んだことがあるでしょう。
　このように本当に多くの局面で、私たちの暮らしは自治体の活動と関

係しています。

◤ 個人の自立という原点も忘れずに

　今日、私たちの暮らしは自治体や国の活動なしには成り立たなくなっていますが、昔は（と言っても、つい150年くらい前までの話です。)、国や自治体は安全や衛生に関する仕事のみを行い、できるだけ人々の暮らしに立ち入らない方が良いと考えられていました。

　その頃の人々は自分の暮らしは自分で、あるいは仲間うちで助け合って支えていました。

　その後、資本主義経済が発展し貧富の差が拡大したため、貧しい人々の暮らしを人間的なものとするため、政府が最低限度の保障をするようになってきました。

　さらに、現代社会は自治体の関与をますます増やす方向に進んでいます。

　例えば、少子高齢化が進み、高齢者の世話を家族や地域の仲間だけで支えることが困難になったため、自治体が生活困難度を調べて必要に応じた世話をするといった事例です。

　今後とも、自治体が関与する局面が増えると思われますが、一方で人々の自立を促すためのシステム作りや地域のボランティア仲間でお互いに助け合う新たなコミュニティ作りなど、できる限り自治体の関与を少なくするという原点も忘れないようにすることが大切です。

　というのも、これが、私たちが将来支払わなければならない税金の負担を大きくしないための1つの方法だからです。

2　より満足のできる選択のために

ここがポイント

> 自治体の活動を最も満足のいくようにするために、自分たちのことは自分たちで決めるという「住民自治の原則」が大切ですが、忙しい私たちがすべての自治体の活動について決定することは不可能です。そこで、選挙で私たちの代表者を選んで私たちに代わって自治体の活動をコントロールしてもらいます。
> また、自治体の活動について私たちの意見が異なった場合は民主主義のルールに則って「最大多数の最大幸福」が図られるように決定されます。

自分たちのことは自分たちで

　私たちの暮らしに様々な局面で関わる自治体の活動を、私たちに最も満足のいくように、あるいは少なくとも納得のいくようにするには、どうしたらいいのでしょうか？

　それは、自分たちのことは自分たちで決めるということではないでしょうか。

　一番シンプルな例で考えてみましょう。

　会員で会費を出し合って運営している同好会を思い浮かべてください。

　会費の額を決めたり、会の運営の仕方を決めたりするのは、会員自らの意思で行うのが最も合理的で納得のいく方法と思いませんか。

　仮に、会員以外の誰か、例えば会場を提供している家主さんや総会の時に記念品を提供してくれる後援者などが会の運営を行ったりしたら、きっと「会員でもないのに」、「会の実情も知らないのに」と文句が出ることでしょう。

　私たちと自治体の関係も、この例と基本的には全く同様です。

　この自分たちの自治体のことを自分たちで決めるということを「**住民自治の原則**」と言います。

選挙が大切

私たちは住民という名の自治体のいわば会員としての側面を有するほか、会社の役員や社員、個人経営者、商店主、家庭の主婦、学生といった側面も有しており、毎日の生活では、自治体の仕事ばかりを気にしてはいられません。

そこで、選挙で自治体の長や議員を選んで、4年間は一定の範囲で彼らに自治体の仕事を任せ、忙しい私たちに代わって、自治体の活動をリードしてもらうという方法が取られています。

さらに、選挙で自治体の仕事を任せた長や議員が、私たちの思いと違うことをしている場合には、次の選挙を待たずに辞めてもらい、新しい長や議員に代えるというルートも用意されています。

また、個別の問題についての私たちの思いを自治体に伝えるための直接請求など様々なルートも整備されています。

いずれにせよ、住民自治と言えるためには、住民の意思に従って自治体の活動が行われるようなシステムが制度的に保障されているということが必要です。

住民の意見が一致しないとき

ここで、若干注意しなければならないのは、私たち住民の意思が必ずしも同じ方向を向いているとは限らないということです。

例えば、道路の幅を拡げるという問題1つをとってみても、「交通の流れがスムースになり、便利になる。」、「歩道ができるので安全になる。」と考える人もいれば、「交通量が増え、却って危険になる。」、「騒音、排気ガスが増え、環境に悪影響を及ぼす。」、「拡幅のために木を切ることは問題だ。」と考える人もいるといった具合で実に千差万別の思いがあることでしょう。

そこで、登場するのが「**最大多数の最大幸福**」という考え方で、多数決の原理を応用して住民がトータルして最大の幸福と感じられるような決定をするということです。

上の例で言えば、仮に反対派51％、賛成派49％といった状況の場合

は、多い方の反対派の意見を尊重して中止するという決断もあるでしょう。

　また、木を別の場所に植栽して保存し、騒音公害とならないように一定時間の通行規制など必要な調整をした結果、反対派から賛成派に回る人が出て、賛成派55％反対派45％になったのでゴーサインを出すというケースもあるでしょう。

　要は、住民の幸福のトータルが最大となるように民主的な方法に基づいて工夫するということで、そのために、多少の時間やコストがかかってもやむを得ないと考えられています（これは「**民主主義のコスト**」と呼ばれています。）。

私たちと自治体との様々な関わり

　私たちが自治体との関わり合いを意識するとき、まず第1に思い浮かぶのは、先に例に挙げたように、乳幼児医療などの保健衛生サービスや救急活動、消防活動など自治体のサービスでしょう。その場合、私たちはサービスの受け手として自治体と関わっています。しかしながら、あまり普段は意識しないかもしれませんが、私たちは単に自治体のサービスの受け手という立場にのみいるのではありません。

　例えば、地方税を支払うことによって、企業における株主のような立場にもなります。

　また、選挙で長や議員を選んで彼らに仕事を任せる場合は、あたかもそのキャストに最も適した俳優を選ぶプロデューサー（もっとも多くの人々の投票が集まって1つの意思になっていますが……）のような役目も果たしています。

　また、先に挙げた道路拡幅の例では、自治体とともに知恵を出し合ってより満足のいく方法を求める共同作業者のような役割を果たしています。

　さらに、次のように自治体の処分の相手方となる関わり合いもあります。

　地方税の納付が遅れたり、納付できなかったような場合に催促（法律

用語で「督促」と言います。）されたり、宝石などを差し押さえられたりといった処分を受けることがその例です。

　また、家を建てようとする場合には建築基準法に基づく基準や防災上の基準、自治体の定める日影条例の基準を満たしているかどうかについて建築確認申請書を自治体に提出して自治体の審査を受けて、認めてもらう立場に立ちます。これも処分の相手方としての立場なのです。

　このように、私たちは自治体の多くの活動に様々な立場で参加し、様々な役割を果たしています。ときには、活動の方向を決定する主役（行政を行う側ということで**行政主体**と呼ばれます。私たちも選挙での投票、財源となる地方税の納付、公の施設の管理などを行うことで間接的に同じような立場になります。）でもあり、また、ときには自治体のサービスの受け手や処分の相手方（**行政客体**と呼ばれます。）ともなります。

　このように、一人の人間が主体としての立場と客体としての立場の２つを持つというのが、地方自治の大きな特徴です。

地方自治は民主主義の学校

　私たちは住民として自治体の活動に関わり合いをもつほか、日々の生活で実に多くの側面や役割を持っています。その役割を果たしながら、より良い生活を築き、より良い地域にしようと努めています。

　一人ひとりの思いや力は小さいけれども、集まれば地域を動かす力になります。

　例えば、地域の女性たちが集まってその地域の農産物を活用した特産物を作りだし、地域経済に貢献したり、その特産物を目当てに観光客が殺到し地域の賑わいを生み出したり、地域の高齢者に生きがいを与えたりといった事例です。

　また、由緒ある学校を取り壊そうとした町長を解職したという例もありました。

　このように私たちの意思で、自治体のあり方や活動を変えることができた事例は全国いたるところにあります。

国民一人ひとりが主人公である民主主義の世の中では当たり前のことかもしれませんが、とりわけ、自治体の場合は私たちに身近な存在で、具体的な問題が多いだけに私たちの思いをまとめやすく、また、その成果も眼に見える形で現れます。

　そういった意味で、自治体の活動との関わりは、民主主義を実践を通じて身に付けるための最適な学習の場と言えます。

　イギリスの政治学者ジェームズ・ブライスは「地方自治は、民主政治の最良の学校、その成功の最良の保証人」と言いましたが、まさにそのとおりですね。

3　住民自治を保障するために

ここがポイント

　住民自治が上手く機能していくためには、自治体が、国や他の自治体の意向に捉われることなく、自由に自らの意思を決定できる権限を有することが必要です。これを団体自治の原則と言います。この住民自治と団体自治の2つが相まって、より良い自治体となるのです。

住民自治を守るために、もう1つ必要なもの

　私たちの思いを自治体の活動に活かすには、住民自治の原則の保障のみでは不十分です。

　自治体が住民の意思に基づく活動をしようとしても、自治体が独立して自分の意思を自ら決定できる力がないと住民の意思に基づく活動ができません。

　というのも、仮に自治体の意思決定のために、国の了解が必要だったり、あるいは国の指示を受けなければならないとすると、住民が折角自ら意思を決定したとしてもその意思どおりに物事が進むとは限らないからです。

　もちろん、自治体も国の中に存在することから、自治体がそれぞれバラバラに決めてしまっては困るもの（例えば、交通標識などは、統一さ

れていないと混乱が生じるでしょう。）もあります。

　しかし、今まで説明してきたように住民自治の原則に基づいて最大多数の最大幸福を実現していくためには、可能な限り自治体の独立性、自主性を尊重することが必要です。

　この自治体が独立して、自らの意思を決定することができることを**「団体自治の原則」**と言います。

◼ 国の支店ではない

　団体自治を、分かりやすく企業に例えて説明すると、自治体は地方の独立した企業であって、国の支店ではないということです。

　税金を例に取って説明します。税金は国の税金である国税と地方の税金である地方税とに分かれます。国税は日本全国の企業や国民が支払わなければなりません。そこで徴収しやすいように全国の多くの都市に税務署が置かれています。

　この税務署はいわば国の支店として国の指示に従って税金を集めています。従ってA税務署とB税務署とで税率が異なったりすることはありません。

　一方、地方税はその地方に存在する企業や住民が自治体に支払うもので、A自治体とB自治体とで税率が異なることがあります。各自治体が独立した別々の存在だからです。

　もっとも、自治体は国の支店ではないのですが、国の仕事を手伝う（代わって行う）場合があります。例えば国の選挙がそれで、国の選挙は衆議院議員の選挙が4年ごと（実際には任期途中の解散があるので、平均して2年半ごと）に、参議院議員の選挙が3年ごとに行われるので、2年くらいは全く国の選挙のない期間があります。こんな状況のもとで国の選挙を行うための国の組織を持つことは、全く非効率ですので、国の選挙の期間だけ自治体に頼んで、国の選挙の仕事をしてもらっています。もちろん、そのために必要な経費などは国から自治体に支払われています。

　この場合は、国の仕事をしていますが、支店のような立場ではなく、

頼まれたので必要経費をもらったうえで手伝っているという立場に立っています。

 ちょっとひと休み

パブと教会があれば村ができる

　イギリスでは「パブと教会があれば村ができる。」と言われています。イギリスの自治体に「教会区」という単位がありますが、これも、教会中心に村ができた名残なのです。

　パブ（イギリスの居酒屋）も教会も、地域の人々が集まって共通の問題を話し合ったりするところです。そうした話し合いの中から自発的に最小単位の自治体ができてきたのです。その成り立ちから、イギリスの自治体は、日本の自治体の3分の1程度の仕事しかしていませんが、それでも、ちゃんとした自治体で住民自治も団体自治も存在しています。これから地方自治のしくみを説明していきますが、難しい箇所があったとしても、その成り立ちはパブ（居酒屋）から生じたものと考えて気楽にお読みください。

2章 どんな自治体があって、どんな仕事をしているのか

1　自治体の種類

ここがポイント

　地方公共団体には、普通地方公共団体としての市町村と都道府県及び特別地方公共団体としての特別区、一部事務組合などがあります。このうち、普通地方公共団体には1章で説明した住民自治と団体自治が憲法上保障されています。

　都道府県は呼び方の違い以外に基本的な差異はありませんが、市町村には人口やできる事務などで差異があります。また、市は人口やできる事務などで、政令指定都市、中核市、一般市の3つのカテゴリーに分類されています。

◤ イメージしやすい自治体―市町村と都道府県

　1章では、自治体という総称を使って説明しましたが、皆さんは多分、今住んでいる市と県あるいはふるさとの町や村と県などを頭に描きながら読み進められたことでしょう。

　実際に、わが国の場合には、身近な自治体として市町村があり、市町村を含む広い自治体として都道府県があります。

　また、市町村が身近で、私たちの暮らしに直接関係する多くの業務、例えば婚姻届、出生届、転入・転出届、印鑑登録、高齢者の無料パスの交付などを行っていますので、市町村役場の窓口に行った経験のある人は多いでしょう。

　一方、都道府県の場合は、パスポートの取得や消費生活センターへの相談くらいしか都道府県庁（出先のサービスセンターを含む。）に行く機会がなく、私たちにとってやや縁遠い存在というイメージではないでしょうか。

　そうした両者の性格から、市町村は**基礎的地方公共団体**、都道府県は

広域的地方公共団体と呼ばれています。

憲法の規定を見てみよう

　日本の基本的な国の形を定めているのが日本国憲法で、連合軍の占領下の昭和22年5月3日（この日は憲法記念日という祝日になっています。）に施行されました。

　この時期を見ても分かるように連合軍の影響を色濃く受けた憲法であるため、自主憲法を制定しようとする改憲論議が当初からあり、特に、最近は戦後70年を迎えるにあたって、改憲論議が盛んです。

　いずれにせよ、現在の憲法は、わざわざ地方自治について「第8章　地方自治」と1章を設け、4か条の条文を規定しています。

　わざわざと言ったのは、戦前の大日本帝国憲法は地方自治に関する章や条文がなかったからです。

　「第8章　地方自治」の最初の条文、92条は「地方公共団体の組織及び運営に関する事項は、地方自治の本旨に基いて、法律でこれを定める。」と規定しています。

　条文中「**地方自治の本旨**」が、住民自治と団体自治の保障であることは1章を読まれた方はすぐに分かりますね。また、ほとんどすべての学者もそう解しています。

　問題は「地方公共団体」の範囲で、憲法自身では何も具体的に規定しておらず、92条の「法律でこれを定める。」というところの法律のうち最も基本的な地方自治法で、

　　市町村と都道府県を**普通地方公共団体**
　　特別区、一部事務組合などを**特別地方公共団体**

と定義（自治法1条の3）していますが、この普通地方公共団体のみが憲法にいう「地方公共団体」にあたると解されています。

　そこで、地方自治法の条文を踏まえて憲法92条を整理してみると「地方公共団体（市町村と都道府県）の組織及び運営に関する事項は、地方自治の本旨（住民自治と団体自治の保障）に基いて、法律（地方自治法など）でこれを定める。」となります。

憲法自身で地方公共団体について具体的に規定しなかったことから、地方公共団体の範囲を巡って、いろいろな問題が生じてきています。

憲法92条の地方公共団体は市町村に限られるのではないか

少し面白い学説ですが、市町村は基礎的な自治体ですので、なくてはなりませんが、都道府県については必ずしもそうではないという考え方があります。

そう解すると、都道府県については地方自治の本旨（住民自治と団体自治）に基づいて組織、運営を定めなくても良いということになり、極端な例になりますが、都道府県の長を住民の選挙で選ばなくても良いということになります。

現在は、たまたま地方自治法が市町村と都道府県を普通地方公共団体と書いていますが、仮に、将来地方自治法が改正されて市町村のみを普通地方公共団体と書いても、憲法違反の問題は生じないというものです。

この学説のメリットは、現在の憲法のままで、都道府県を廃止して連邦制や道州制に移行することができるという点にあります。

現在、市町村合併が一段落し、今後は都道府県のあり方が地方自治の大きな問題となると考えられるので、この都道府県は憲法が保障する地方公共団体かという議論がホットな話題となるかもしれません。

特別区（東京23区）はどう取り扱われるのか

次に問題となるのが、**特別区**の取り扱いです。現在は次のように取り扱われています。

特別区は、地方自治法では特別地方公共団体と位置づけられており、その意味で憲法92条が保障している地方公共団体にはあたりませんが、実態が市に近いことから法律上はほとんど市と同様の取り扱いをしています。

しかしながら、憲法上の保障ではありませんので、極端な話、法律で区長の選出を住民の直接選挙によらなくても憲法上の問題は生じないと

いうことになってしまいます。

実際にそんな時代があったのです。

その後、区長公選制についての直接請求などの動きを経て昭和49年に地方自治法が改正され、区長も市町村長と同様に住民の直接選挙で選出されるようになりました。

また、事務配分においても平成10年の地方自治法改正で可能な限り市と同様の扱いを受けるようになり、また、平成12年の改正で、基礎的地方公共団体と位置づけられるようになりました。

こうした実態を踏まえるならば、地方自治法を改正し、特別区を特別地方公共団体から普通地方公共団体に移しかえるのが妥当ではないかと思われます。

地方公共団体を整理すると

ここで、地方自治法1条の3の規定に基づいて地方公共団体を整理すると、次の表のようになります。

```
1  普通地方公共団体
   ＊都道府県（1都1道2府43県で計47）     広域的地方公共団体
   ＊市町村（790市745町183村で計1,718）  基礎的地方公共団体
      憲法92条で地方自治の本旨（住民自治、団体自治）の保障の
      対象となる
2  特別地方公共団体
   ＊特別区（23区）
   地方公共団体の組合（一部事務組合、広域連合）
   財産区
   合併特例区（市町村合併特例法26条、27条）
                                    〈平成27年4月1日現在〉
```

本書で自治体というときにイメージしているのは、上記の表の中で、＊を付した都道府県、市町村、特別区の3つです。また、ほとんどの学者も同様のイメージで自治体という言葉を使っています。

以下順に、市町村、特別区、都道府県について説明していきます。

一部事務組合及び広域連合については8章で、また、合併特例区については200頁で説明します。

◤ 町と村はほとんど同じ

町と村には地方自治法上特別の差異があるわけではありません。

例えば、地方自治法94条の町村総会や地方自治法施行令別表第3、第4など「町村」とまとめて分類されています。

ただ、1つの例外は、地方自治法8条2項の規定で、町となる要件を都道府県が条例で定めるとされていることです。

この規定に基づき、都道府県条例で例えば次のような要件が定められています。

①人口5千人以上、②家の連なりが6割以上、③中心地に商業の集積があることなどです。

なお、人口とは、一番新しい**国勢調査の人口**です。5年に一度行われる国勢調査は統計の基礎となる信頼できる資料とされていますので、人口と言う場合は普通はこの国勢調査の人口を言います（自治法254条）。

もっとも、あとで述べるように、住民基本台帳に登録された人口もあります。この人口を使う場合は、**住民基本台帳人口**あるいは住基人口などと説明をつけて使用するのが一般的です。

従って、人口が少ない自治体や人口が5千人以上でもポツンポツンと離れて住んでいるような（アメリカの大平原の小さな家のような）自治体は町にはなれず、村となります。

もっとも、この要件は、なれる要件ですので、要件を満たしていても、村に愛着がある、住民にアンケートしてみると特に変える必要がないという意見が多かったといった理由で村のままという自治体もいくらもあります。

ちなみに、人口の最も多い村は、沖縄県読谷村で、38,200人、最も少ないのが、東京から360km離れたカルデラ火山の外輪山に囲まれた青ヶ島村の165人です。

市になるためには人口5万人が必要

　市になる要件については、①人口5万人以上、②中心の市街地の戸数が6割以上、③商工業などいかにも都市らしい仕事をしている人とその家族の割合が6割以上などと定められています（自治法8条）。

　ちなみに、人口の最も多い市は横浜市で3,688,773人、人口の最も少ないのは北海道のかつての炭鉱のまちの歌志内市の4,390人です。

　読谷村のように人口4万人近くの村がある一方で歌志内市のように人口4千人余りの市があったりしますので、読者の中には奇異に感じられる方もおられるでしょう。

　実は、市になったり町になったりするためには、客観的な条件に加えて、住民（議会）の市になるあるいは町になるという主観的な意思が必要とされているからです（ここでも13頁で説明した「住民自治の原則」が働いています。）。

　読谷村の場合は、人口をはじめ町になる要件は十分に満たしているのですが、従来からの村に愛着があり、村のままなのです。

　このように、町になる要件を満たしているにもかかわらず、町にならない村がいくつもあります（もっとも、24頁で述べたように、町と村の差異はほとんどありませんが――）。

　この点が、例えば、20歳になれば、本人が未成年のままでいたいと思っても、自動的に成人となって、成人としての権利義務を負うというのと異なります。

　少し難しく言うと、20歳になるということは成人になるための必要かつ十分条件ですが、市になる要件を満たすということは市になるための必要条件であるにとどまり、十分条件ではないからです。

　また、逆に、市になるためには人口5万人が必要と言いながら、人口5千人未満の歌志内市のような市があるのは、人口5万人以上は市になるための条件で、市であり続けるための条件ではないからです。

　これを、専門用語で言うと**成立要件**であって、**存続要件**ではないからということになります。

　市から町、町から村への手続きについても地方自治法は規定していま

す（自治法8条）が、現実には、心理的抵抗が大きいことなどから、現在までこのような例は皆無です。

もっとも、例えば5万人から数百人少なくなったといった程度ならばともかく（次回の国勢調査ではまた、盛り返すかもしれないので）、1万人を切れば、町に戻すような立法措置（市になって設置できた福祉事務所の県への移管、心理的抵抗を取り除くための財政上の措置など）を講じてはいかがでしょうか。

今後、人口が減少することが見込まれる右肩下がりの時代、スマートに縮むというシステムも必要と思われますがどうでしょうか。

市は3つのカテゴリーに

市が合併などによって790市に増加し、また、その人口規模も百万都市から数千人の市までにと多様化すると、1つのカテゴリーでくくって事務や権限の配分をするというのは無理があります。

そこで、地方自治法は、同じ市でも人口規模と地域において果たしている役割に応じて次の3つのカテゴリーに分類して、組織や事務の配分などに差異を認めています。

①**政令指定都市**（50万人以上　現実は70万人以上、札幌市、京都市、福岡市など20市）

道府県並みの権限を有し、事務を行っています。

②**中核市**（20万人以上、地域の中核となる都市で、イメージとしては県庁所在都市と県内No.2都市　青森市と八戸市、長崎市と佐世保市、金沢市、小田原市、鹿児島市など85市）

従来は、人口30万人以上の中核市と20万人以上の特例市の2つのカテゴリーに分かれていましたが、平成26年の地方自治法改正により、中核市一本にまとめられました。

ただし、従来の特例市のうち人口が20万人を下回る状況にある市は、経過期間を経たうえで、一般市となることとされています。

③**一般市**（上記①、②以外の市　新座市、秩父市、銚子市、高山市、境港市など）

また、このようにカテゴリー分けした方が地方分権の業務の受け皿としても都合が良いという側面的なメリットもあります。

特別区は東京の23区

特別区は、東京の23区で、千代田区、港区、荒川区、世田谷区などです。

市と同様の事務を行い、基礎的地方公共団体として位置づけられていることは、先に述べたとおりです。

政令指定都市にも、仙台市青葉区、静岡市葵区、福岡市博多区などの区がありますが、これは、行政区と呼ばれるもので、市役所の支所、出張所の位置づけで、特別区と異なり、独立した自治体ではありません。

また、平成26年の地方自治法改正で、行政区に代えて条例で総合区を置くことができるようになりました。

この間の事情については、28頁の政令指定都市を巡る最近の動きで、詳しく説明します。

都道府県の間に違いはあるのか

都道府県と名称が異なっていますが、戦前、根拠となる法律や期待される役割が違っていたという歴史の名残によるもので、現在は権能や事務に基本的な違いはありません。

明治23年　府県制
明治34年　北海道会法
昭和18年　東京都制
昭和22年　地方自治法に統一して都道府県として規定される
平成 3年　地方自治法が改正され、都と道に特別に認められていた局部の名称・分掌事務の例示が廃止される

ただ、東京都は少し異なっています。広域的地方公共団体としての本来的な業務に加え、基礎的地方公共団体としての業務の一部（上下水道、交通、消防、都市計画）も行っています。このため、市町村を含む広域的地方公共団体の道府県とは若干異なる取り扱いが定められていま

す。少し専門的になりますが、特別区間の財源調整を行うための特別区財政調整交付金（自治法282条）や都区協議会の設置（自治法282条の2）などの例です。

　また、東京は首都で、政治と行政の中心ですので、東京都という自治体の政府のほかに国会や中央政府があり、多くの国の機関が置かれています。加えて、外国から政府要人など多くのVIPが東京にやってきます。そのためVIP警護などで質、量ともに十分な警察力が必要とされます。

　さらに、経済の中心でもあるため本社などのインテリジェントビルやホテルなどの超高層ビルも多く、十分な消防力が必要です。そこで、通常は、市町村が行っている消防業務を東京23区及び委託を受けた都下の一部の市町村に限っては都が行っています。

　もっとも、他の自治体でも住民の生命、身体、財産を守ることが最も基本的な業務で、十分な警察力、消防力が必要なことは同じですので、東京都との相違は相対的なものですが、組織が少し異なっています。

	東京都	他の道府県	（市町村）	根拠法令	国の機関
警　察	警視庁	警察本部		警察法	警察庁
消　防	東京消防庁		消防本部	消防組織法	消防庁

政令指定都市を巡る最近の動き

　政令指定都市は、戦前の5大市（横浜市、名古屋市、京都市、大阪市、神戸市）制度をベースに、順次発展し、現在の20市、合計人口で2,700万人余り、わが国の人口の22％強を占めるに至っています。

　ここまで大きくなりますと、
(1) 基礎的自治体としては、大きすぎて住民の声が届きにくいのではないか？　キメ細やかな行政サービスができないのではないか？

　さらに、都道府県並みの権限を有し、事務を処理することから、
(2) 政令指定都市を含む道府県と二重行政になって、無駄が生じているのではないか？

といった問題点が指摘されています。

(1) の問題に対処するため、政令指定都市には、その区域をいくつかに区切って行政区を置くこととされています（自治法252条の20）。札幌市豊平区、仙台市青葉区、静岡市葵区、福岡市博多区などの例です。

このように行政区が置かれているため、市役所にいちいち行かなくても、転入転出届や婚姻届、印鑑登録証明書の交付など多くの用務を、区役所で済ませることができます。

この行政区は、市役所の支所、出張所と同様の扱いですので、区議会はなく、市の職員から市長によって任命された区長（公募によって選考され、市長から任命される区長もいます。）が、市長から事務の委任を受けて、事務を行っています。

さらに、平成26年の地方自治法改正により、行政区に代えて、条例で総合区を置くことができるようになりました（自治法252条の20の2）。

総合区には、議会の同意を得て市長が任命する任期4年の総合区長が置かれます。任期があり、選任に議会が関与することから、総合区長の権限は、行政区長の権限より大きく、まちづくり、住民交流事業、職員の人事権、予算に関する意見提出権などの権限を有することとされました。

市役所よりは、住民に身近な総合区の権限が強化されることが、望ましいことは言うまでもありません。

ここで、特別地方公共団体としての特別区、政令指定都市の行政区と総合区の3つについて、表にまとめると次のようになります。

	法人格	区長	区議会	位置づけ
特別区	あり	住民が選挙で選出（公選）	あり	特別地方公共団体
行政区	なし	市長が任命	なし	市役所の支所
総合区	なし	議会の同意を得て市長が任命	なし	市役所の支所（条例で設置）

次に、(2)の二重行政問題に対処するため、これも平成26年の地方自治法改正により、指定都市道府県調整会議を設置することとされました。

先に説明した東京都の都区協議会と少し似ていますね。

より、抜本的な解決策として、大阪が提唱していたのが「大阪都構想」です。

▰ 大阪都構想と特別自治市構想

平成22年、大阪府知事が、大阪都構想を打ち出し、話題となりました。

大阪には、府立会館、府立図書館と市立会館、市立図書館のように府立、市立の施設が併存するなど、二重行政の無駄が多いので、東京都のように一体化し、二重行政の弊害を排除しようという構想です。

そもそも、大阪都構想がモデルと考えた東京都政は、戦時下の昭和18年、当時帝都と呼ばれていた東京市と東京府を一体として東京都としたもので、本来、基礎的地方公共団体の業務とされている上下水道、交通、消防、都市計画を広域的地方公共団体の都が行うというものです。

その財源に充てるため、本来区の収入となるべき固定資産税、法人住民税（区民税）を都が賦課徴収しています。本来区の基幹税目である固定資産税と法人区民税を都が徴収しているため、区は財源不足、都は財源超過となります。そこで、区の財政需要と区の個人住民税などその他の税目による税収との差に応じて都が都区財政調整交付金として配分を行っています。

ちょうど、全国的な地方交付税の東京都版といった感じですね。

政令指定都市と都道府県の二重行政の無駄を排除するという視点は、いいのですが、そのために、70年前の制度を持ち出すことはないと思われます。

「新しい酒は新しい革袋に」と言います。二重行政の無駄を排除するためには、大阪市を全く大阪府から独立した自治体とする「特別自治市」という方法もあります。

この場合、特別自治市は府と同格となり、そのエリアを選挙区とする

府会議員もいなくなります。

　もちろん、特別自治市は今の地方自治制度にないシステムですので、法律改正が必要となりますし、その前に多くの議論が必要となるでしょう。

　いずれにしても、いろいろな意見が出て、議論が沸くことは、大変よいことだと思われます。

　こうした議論を経て、平成24年「大都市地域における特別区の設置に関する法律」が成立し、大都市地域（人口200万人以上の政令指定都市及び隣接市町村と併せると200万人以上となる政令指定都市とその隣接市町村）の市町村を廃止し、代わりに特別区を設置することができるようになりました。

　この特別区は、東京23区と同様に公選の区長、区議会を持ち、基礎的自治体として市と同様の事務、権限を有することとされています。

　また、特別区を設置した大都市地域を含む道府県は、名称こそ「都」とはなりませんが、法律上は都と同様の扱いをされることとなりました。

　この法律の意義は、前に述べたような二重行政の排除と基礎的自治体と言うには、余りにも大きくなりすぎた政令指定都市など大都市地域を人口20〜30万人程度の特別区に分割し、より住民に身近なものにするということです。

　なお、特別区を設置するためには、関係市町村と関係道府県とで「特別区設置協議会」を設置し、「特別区設置協定書」を作成、それぞれの議会で承認された後、関係市町村の住民投票で同意を得るという手続きが必要とされています。

　法律改正を受けて、大阪市を廃止し5つの特別区（各区の人口34万〜69万人）に再構成する大阪都構想が、市議会と府議会で承認された後、平成27年5月に住民投票が行われましたが、住民の同意を得るに至らず、廃案となってしまいました。結果はともかくとして、地方から制度変革しようとして大きな盛り上がりを見せたそのエネルギーは、今後の地方自治に明るい希望を与えたという意味で特筆大書できると思います。

 ちょっとひと休み

市庁舎はシティ・ホール

　欧米では、市の庁舎のことを"City Hall"シティ・ホールと言います。
　初めてこの言葉を聞いたときには、ニューヨークのフェスティバル・ホールや東京のサントリーホール、大阪の中之島ホールなどの連想から何となくホールに音楽や集会をするところといった先入観があったため、市庁舎（市の事務を行うところ）のイメージにそぐわないと妙な違和感を覚えたものでした。
　ところが、ストックホルム市庁舎で行われるノーベル賞の授賞式の模様をテレビで見たり、使節団としてアメリカの都市を訪問した際、市庁舎の大広間で弦楽四重奏をバックにしたレセプション・パーティーに出席したりといった経験をしてみると、やはりシティ・ホールの概念で正しいのではないかと思えるようになってきました。
　日本の市庁舎も多くが昔の城跡など市内を一望できるいい場所に立っていますので、もっとホールとしての活用（市内を一望しながら、国内外からの来客へ地場の特産物を供するレセプション・パーティーなど）も考えてみるのも面白いかもしれません。
　なお、最近は議会の本会議場を議会閉会中に住民の交流施設として貸し出したり、庁舎のロビーで地場産品のPRや販売会を行ったりする自治体も増えています。

2　どんな仕事をしているのか

ここがポイント

> 自治体は実に多くの仕事をしています。国、都道府県、市町村の仕事の配分は、基本的にシャウプ3原則①行政責任明確化の原則、②能率の原則、③市町村優先の原則、に基づいて行われています。

いくつかの例

皆さんは自治体の仕事と聞いてどんなことを思い浮べるでしょうか。

(1) 身近で、ありがたいと思うのは、救急車や消防車による救急搬送や消火活動あるいは警察の治安維持の活動ではないでしょうか。

　　また、地震や台風などの大災害の際の消防や警察の活動、さらに自衛隊の災害出動などを思い出す方もいるでしょう。

　　この私たちの生命、身体、財産を守る活動は、国や自治体の最も基本的な仕事で、大規模災害の際には、消防（市町村）、警察（都道府県）、自衛隊（国）などが緊密な連携のもとで救助、救援活動を行います。

(2) 保健所での健康診断、公立病院の設置など私たちの健康を守る活動や最低限の生活ができない人々を援助する生活保護や自分の身の回りの世話のできない高齢者などの世話をするための介護の仕事も自治体の大切な仕事です。

(3) 公立の小中学校、高校、大学や図書館などが設置されています。さらに、オペラやクラッシック音楽、有名画家の絵画、著名人の講演などが楽しめる音楽ホールや美術館、博物館や県民ホール、市民ホールなども自治体が設置、管理しています。

(4) また、空気の存在のようなもので、普段はあまり意識しませんが、水道水の供給や下水の処理の仕事、ごみの収集や処理の仕事も自治体が行っています。もっとも、ごみの収集の場合は自治体によっては16分類とか32分類とか細かく分別をしているところもあります

市役所の組織と仕事

市長の部局 — **主な仕事**

- 市長室
  - 市長の秘書の仕事、市のPRをしたり、市民の声を聞く仕事
  - 行政改革や男女共同参画などの課題について市長の特命を受けて行う仕事
  - 市の将来像を描く仕事、国際交流に関する仕事
- 総務部
  - 税金を集めたり、予算を作ったり、市の財産を管理したりする仕事
  - 条例を審査したり、文書を整理管理したり、情報を公開したりする仕事
  - 職員を研修したり、職員をポストに配置したり、異動したりする仕事
- 地域振興部
  - 地域づくりに関する仕事、起業家の育成に関する仕事
  - 地域や市役所内のIT化を進める仕事
- 市民部
  - 住民の登録や印鑑証明などを行う仕事、人権の保護に関する仕事
  - 国民年金や国民健康保険などに関する仕事
- 環境部
  - 公害を規制したり、火葬場や墓地を造成したり、管理したりする仕事
  - ごみを収集し、処分する仕事、ごみの減量化やリサイクルを進める仕事
- 保健福祉部
  - 健康づくり、特に母子や乳幼児や高齢者の保健、福祉の仕事
  - 障害者の福祉の仕事、介護保険の仕事、生活保護の仕事
- 市民病院
  - 地域の中核病院としての仕事や救急救命の仕事
- 商工観光部
  - 地域の企業、特に中小企業の育成や企業の誘致の仕事、特産物や伝統工芸を振興する仕事、観光客を誘致したり観光施設を整備したりする仕事
- 農林水産部
  - 農林業、畜産業、水産業を振興する仕事、農村や漁村環境を整備する仕事
  - 鳥獣保護や狩猟に関する仕事
- 建設部
  - まちづくりの推進、道路、河川、港湾、公園などの建設・整備の仕事
  - 住宅の建築確認の仕事、区画整理や都市再開発の仕事
- 水道部
  - 水道や下水道の建設管理や水道料の徴収に関する仕事
- 消防本部
  - 火災予防や予防査察、危険物規制の仕事
- 消防署
  - 消火や救急救命などの活動
- 会計課
  - 会計関係の書類の審査や公金の支払いと収納の仕事

- 行政委員会 — （下記に掲げた委員会以外にも、農業委員会などがあります。）
  - 教育委員会 — 学校教育、社会教育の仕事、文化財の保護やスポーツ振興の仕事
  - 選挙管理委員会 — 各種の選挙の管理、執行の仕事
  - 人事委員会 — 職員の採用試験、職員の身分についての審査請求の裁決などの仕事
  - 監査委員 — 市の事務や事業の監査の仕事
- 議会 — 議決機関としての仕事

ので、分別の手間が大変と感じたり、ごみ袋を有料化している場合は、家計の痛みを感じたりするときもありますので、普段から意識されているかもしれませんね（ごみの分別収集やごみ袋の有料化は、ごみの減量化や資源ごみのリサイクルを目指すもので、地球にやさしい施策です。）。
(5) 道路や橋や公園の建設、さらには港湾や空港の建設、河川の管理といった生活や産業の基盤となるインフラの整備なども多くは自治体が行っています。自然や歴史、伝統と調和した開発を進めるための総合計画、土地利用計画や都市計画を策定し、それに基づいたまちづくりを行っています。また、私たちの生活の本拠となる住宅建設についても、都市計画と整合しているか、防災の観点から大丈夫か、近所の日当たりの障害にならないかなどの審査（建築確認と言います。）も行っています。さらに、住宅用地を造成したり、公営住宅を建設したりもしています。
(6) 農林水産業の振興のための漁港改修、市場の整備、工業誘致のための工業団地の造成や助成措置（かなり前の話になりますが、三重県が液晶パネルの製造工場を誘致するため、思い切った奨励金を出したことが話題となりました。）、伝統的産業の後継者育成、観光振興のための祭りやイベントの助成、地域おこしのための各種の取り組みなど地域を活性化するため多くの事業を行っています。
(7) 転入、転出届、印鑑登録証明、パスポートの交付などの登録、証明、確認などの事務を行っているのは、自治体の窓口に行った経験のある方はよく理解できるでしょう。また、消費生活相談など各種の相談業務も行っています。

仕事をもっと整理したら

　先にいくつかの例を挙げたように、わが国の自治体は本当にいろいろな業務を担当しています。しかも、業務によっては、国、都道府県、市町村がそれぞれの立場で分担している場合もあり、また、一部には重なり合って担当しているケースがあります。

若干の例を見てみましょう。

	防災	学校	道路	河川	空港	計画
市町村	消防	小中学校	市町村道	その他河川		総合計画
都道府県	警察	高校	県道	二級河川	地方空港	都市計画
国	自衛隊	大学	国道	一級河川	国際空港	国土利用計画

　この表は、分かりやすいように単純化していますが、実際は重なり合っている部分や境界があいまいな分野もあり、より複雑です。
　例えば、市立大学や市立高校があったり、国立（大学附属）中学があります。また、政令指定都市は、上の表で都道府県の分類とされている業務のほとんどを実施しています。もっと重なり合っている部分を整理したり、境界があいまいな分野を明確化すべきだと言われています。
　また、逆にもっと民間に任せる、あるいは、民間活用すべきとも言われており、最近はこの方向に舵が切り替わりつつあります。これについては、156頁で説明します。
　次に、どのような考え方に基づいて市町村、都道府県、国の間で業務の分担が決まっているのかについて見てみましょう。

シャウプ３原則

　市町村、都道府県、国の間で業務の分担に関して以下の３つの原則に基づくのが論理的と言われています。
(1) 行政責任明確化の原則
　先に述べたように、業務を市町村、都道府県、国のいずれかに一元的に配分し、行政責任を明確にすべきという原則
(2) 能率の原則
　業務を配分する場合に、その業務を最も能率的に行える能力を有するところに配分すべきという原則
(3) 市町村優先の原則
　市町村が適切に対応できる事務については、私たちに最も身近な基礎的地方公共団体である市町村に配分されるべきという原則

これらの原則は、戦後のわが国の地方自治のあり方に大きな影響を与えた米国のシャウプ博士の勧告で提唱されたことから「**シャウプ3原則**」と呼ばれています。
　この原則に沿って、外交、防衛といった国に専属する業務を除く行政業務を配分する際には、まず、(3) 市町村優先の原則に基づき、市町村の業務にならないかと考えます。
　それが、(2) の能率の原則から見て無理がある場合には、都道府県ではどうかと考えます。
　それでも無理がある場合には、国でと考えます。さらに、(1) 行政責任明確化の原則から一元的な配分が望ましいですが、業務の種類、性格によっては重畳的に市町村と都道府県とで担当するという対応も可能です。
　このように、実際の配分はシャウプ3原則 (1) → (3) とは逆の順序である (3) → (1) で考えるということになります。

都道府県に向いている業務

　市町村優先の原則のもとでも、能率の原則によってその性質上都道府県の業務に向いているとされる業務があります。
(1) **広域事務**——複数の市町村にまたがる広域的な公共事業（道路、港湾、産業廃棄物など）、広域的な地域計画の企画
(2) **連絡調整事務**——市町村間の事務の連絡調整
(3) **補完事務**——大規模な公共施設の設置、管理（中核病院、劇場、ドーム球場など）、小規模な市町村で実施困難な事務

などの業務が都道府県に向いている業務です。
　もっとも、最近は合併で市町村の能力がアップしてきており、業務の受け皿としての体制も整ってきています。そこで、従来都道府県の業務とされていたものについても見直しの必要が生じてきました。
　そうすると、都道府県のあり方を見直し、一部の業務を合併で大きくなった市町村に移す一方で、さらに進んで、都道府県がブロックごとにまとまって道州となって又は広域連合として国の一部の業務を担当する

という再編の考え方も業務の配分に関連して出てきています（8章で詳しく説明します。）。

3 自治事務と法定受託事務

ここがポイント

> 自治体は、自治事務と言われる自分自身の事務のほか、法定受託事務と言われる国や都道府県が本来果たすべき役割に係る事務も行っています。
> むやみに法定受託事務が増えることのないように、法定受託事務は法令の規定によらなければならず、さらに地方自治法別表に一覧表として掲げなければならないとされています。また、法定受託事務の取り扱いが、不適切な場合の国や都道府県からの指示や代執行などの対応についても一定のルールが定められています。

地域の事務で自分の事務と他人の事務

自治体は、シャウプ3原則などによって配分された業務（これを「**自治事務**」と言っています。）を行いますが、その他、18頁の国の選挙の話で説明したように国や都道府県が本来果たすべき役割に係る事務（これを「**法定受託事務**」と言います。）いわば他人の事務のお手伝いもしています。

他人にお手伝いを頼む例として、すき焼きの買い物のお使いを頼む場合を想定してみましょう。

あなたは、買い物に必要な経費を渡し（あるいは、とりあえず立て替えてもらって後で精算する場合もあるでしょう。）、必要な指示（お肉やネギなどの材料の種類やその質及び分量や場合によってはお店を指定することもありますよね。）をすることでしょう。

先に挙げた選挙の例でも同様です。市町村の選挙管理委員会が国会議員の選挙を執行する場合には、「国会議員の選挙等の執行経費の基準に関する法律」により必要経費が市町村に交付されます。

また、選挙の執行が各市町村でバラバラでは困りますので、一定の基

準が法律や政令で定められ、技術上の助言としての通知などで統一的な執行がなされるように配慮されています。

この場合は「経費も出すが、必要なときは口も出す。」という方式です。ものによっては、「金は少ししか出さないが、口はいっぱい出す。」とか「口出しの基準がご都合主義でころころ変わる。」とか少し困った事例もないわけではありません。

選挙のほか、生活保護の事務も法定受託事務とされています。これは国民の健康で文化的な最低限度の生活を保障するというナショナルミニマムに関する業務だからです。

国民年金に関する事務も同様です。このほか、パスポートの交付、戸籍の事務なども国の事務の法定受託事務とされています。

法律的に説明すれば

地方自治法2条2項は自治体の仕事を表のように分類しています。

自治体の仕事（自治法2条）

（1）地域における事務（2条2項）
　①自治事務…法定受託事務以外のもの（2条8項）
　②法定受託事務（2条9項）…自治体の事務であるが
　　ア　本来は国が果たすべき役割の事務（第1号法定受託事務）
　　イ　本来は都道府県が果たすべき役割の事務（第2号法定受託事務）
（2）その他の事務で法律又はこれに基づく政令により処理することとされる事務（2条2項）

先に説明したように、自治体はたくさんの仕事をしていますので、法律的に取り扱いが異なる事務を区分して位置づけをしているのが、地方自治法2条です。

例外的なもの、具体例の少ない方から説明していきます。

まず（2）その他の事務で法律又はこれに基づく政令により処理することとされる事務ですが、この事務は（1）の地域における事務でない

のにもかかわらず、法律で自治体が処理することとされた事務で極々例外的なものに限られています。

「北方領土問題等の解決の促進のための特別措置に関する法律」に基づき、北方4島（国後、択捉、歯舞、色丹の4島で本来はわが国の領土ですが、歴史的経緯からロシアが占拠していると考えられている地域）の戸籍事務を根室市が行っているなどの例です。

北方4島は根室市の地域ではありませんが、北方4島の戸籍事務を行う自治体がどこにもないので、距離的に最も近い自治体の根室市が便宜的に（無理に）この事務を行うこととされているのです。

この例の場合は仕方のない話ですが、本来的な仕事ではないこんな例外をどんどん設けられては大変ですので、このような例外を設ける場合は、法律又はこれに基づく政令によらなければならないとされています。

法定受託事務

次に、法定受託事務です。18頁で国政選挙を市町村が行っている例を挙げましたが、ここで再度整理すると、次のようになります。

```
衆・参議院議員選挙の投開票　→　市町村選挙管理委員会が執行
　（1）②ア　本来は国が果たすべき役割の事務（第1号法定受託
　　　　　　事務）
都道府県の長及び議員の選挙の投開票　→　市町村選挙管理委員会
　　　　　　　　　　　　　　　　　　　　　が執行
　（1）②イ　本来は都道府県が果たすべき役割の事務（第2号法
　　　　　　定受託事務）
市町村の長及び議員の選挙　→　市町村選挙管理委員会が執行
　（1）①　自治事務
```

市町村が国の選挙や都道府県の選挙の執行を行うのは、公職選挙法で定められているからですが、現実的にも、国、都道府県、市町村がそれ

ぞれ別々に選挙を行うための組織を持つことが非効率であることは18頁でも説明しました。

さらに、選挙は、年齢18歳（平成28年の参議院議員選挙までは20歳。以下同じ）以上、その市町村に3ヶ月以上住所を有するものなど有権者で選挙人名簿に登録された者の投票によって行われますが、市町村は住民に関する事務を行っていますので市町村がすべての選挙の投開票を行うというのが、より正確で効率的な事務の観点からも望ましいと言えます。

また、投票は主に小・中学校で行われますが、この小・中学校も先に説明したように市町村立ですので、この面からも都合がいいわけです。

国が本来果たすべき役割に係る事務を都道府県や市町村、特別区に執行してもらう事務は、**第1号法定受託事務**と呼ばれ、都道府県が本来果たすべき役割に係る事務を市町村、特別区に執行してもらう事務は、**第2号法定受託事務**と呼ばれています。

▎法定受託事務の法律規定主義と一覧性

第1号法定受託事務、第2号法定受託事務と呼ばれるのは、地方自治法別表第1、別表第2にそれぞれ表の形式で規定されていることによります（2条10項）。

このように、法律の別表ですべての法定受託事務が一覧できるようにしているのは、本来はその自治体の役割でないものをその自治体にやってもらうという変則的な事務なので、どんどんと増やされては大変ですので、一覧表にしてチェックがしやすいようにしているのです。さらに、法定受託事務は、地方自治法に規定するもののほか、法律又はこれに基づく政令によらなければならないと規定し、先に説明したその他の事務と同様に法律などによるしばりをかけているのです（2条9項）。

ちなみに、ここで変則的という言葉を使ってあえて例外的という言葉を使わなかったのは、都道府県では、その事務の3割程度（法定受託事務の前身の機関委任事務の時代には7、8割を占めていると言われていました。地方分権の趣旨に沿って見直し、法定受託事務として再構成す

る中で、一部は自治事務に、一部は国が自ら行う事務にしたことなどにより、現在の3割程度となったものです。）を占めており、例外的と言うにはあまりにもウエイトが大きすぎるからです。

▮ 自治事務

　自治事務は、自治体が処理する事務から法定受託事務を除いたものとされています。

　自治体の本来の事務なのですが、多すぎて正面から定義できないので、全体から例外的なものを除くという控除式で定義したものです。

　少し俗な表現になりますが、自治事務は、自治体本来の事務をその自治体が実施するもの（自分の仕事で自分の仕事）、法定受託事務は、国又は他の自治体本来の事務を別の自治体が代わって実施するもの（他人の仕事で自分の仕事）と言うことができます。

　自治事務は、その自治体の本来の仕事ですので、地域における事務である限りは、自治体の存立目的に沿うものであれば、法律又はこれに基づく政令によらなくても、執行することができるのは言うまでもありません。

　ただし、49頁以下で説明するように国に専属する事務や宗教行事など政教分離の原則に反する事務などは行うことができません。

▮ 自治事務と法定受託事務の差異

　自治事務といい法定受託事務といい、それらの事務が適切に執行されている限りは特にその違いが表に出ることはありません。

　適切に執行されない場合
(1) 自治事務の場合
　①関係法令がなく、自治体独自で行っている事務
　例えば、地域おこしのための事業や朝ごはん条例の制定といったもの
　→公金の支出が適切かどうかなど地方自治法に基づく住民や議会の
　　チェックなどがありますが、国や大臣からの指示はありません。
　②関係法令に基づいて、自治事務として行っている事務

例えば、住民基本台帳法に基づく住民登録の事務で、自治事務ですが、全国的にバラバラであっては困ることや転入、転出などで二重登録や漏れがあっては困ることから法律で規律しているもの
　→この事務に「違法又は著しく適正を欠き明らかに公益を害する」と認められる場合
　上の例で言えば、住民登録の際に添付を義務づけられている転出証明をチェックしないで登録するので、二重登録が頻発するといったようなケースです。
　法律を所管している大臣は違反の是正又は改善のため必要な措置を講ずることを市町村に求めるよう都道府県に指示することができ、これを受けた自治体は必要な措置を講じなければならない、とされています（自治法245条の5）。
　俗な表現を使えば、所管大臣は、忠告、アドバイスをし、自治体はこれを聞くといった関係になります。
　しかも、この忠告、アドバイスも、その行う時期や方法にはできるだけ自治体の自主性、自律性を損なうことのないよう特に配慮して行わなければならないとされています（自治法2条13項　これを**特別配慮義務**と言います。）。
　また、あくまでも、忠告、アドバイスに留まりますので、自治体がその忠告、アドバイスを聞かなかった場合、罰則などで強制したり、国が代わって行ったりすることはできません。
　このことは、自治事務が自治体の事務であることからくるものです。
　では、どのようにして是正が図られるのかといえば、住民の事務監査請求、議会のチェック機能（マスコミのチェック機能も大切です。）などによって図られます。
　これこそが、まさに住民自治なのです。

(2) 法定受託事務の場合
　これは、先に説明したように特別に事務を代わってやってもらうものですので、法令の規定によらなければなりません。

従って、42頁の（1）①のような法令によらない事務はなく、すべて法令に基づくもので、それぞれに所管の大臣がいます。
　パスポートの発給の例で見てみましょう。
　パスポートは国民が海外にいる場合に、日本国民としての保護を相手国に日本政府からお願いするためのもので国の役割に係る事務ですが、その発給は都道府県の法定受託事務とされています。
　仮に、この受託を受けた都道府県の事務が不適切で、偽造しやすいパスポートを発給したり、本人確認できないような不鮮明な写真の添付などを行うようでは困りますね。
　このように事務の処理が違法又は著しく適正を欠き、かつ、明らかに公益を害していると認める場合には、旅券法の主務大臣の外務大臣は違反の是正又は改善のため講ずるべき措置を指示することができるとされています（自治法245条の7）。
　さらに、自治体が指示に従わず、その事務が適法に執行されない場合には、高等裁判所の判決を得たうえで、国が自ら必要な措置を行うこと（代執行）ができるとされています（自治法245条の8）。
　いわば、自分の役割を自治体にお願いしているのですから、頼まれた自治体がその仕事を適切にやらなかった場合に、自らが乗り出してやるというのも当然のことといえますね。
　もっとも、その場合でも自治権の侵害にならないように、直ちに乗り出すのではなく、第三者的にジャッジする高等裁判所を関与させている点が地方自治を尊重した気配りです（「武力攻撃事態等における我が国の平和と独立並びに国及び国民の安全の確保に関する法律」など一部の法律には、ごく例外的に、有事の際に気配りをする暇がない場合、高等裁判所の関与なく直接国が自ら措置できるとする規定もあります。）。
　また、事後に乗り出すよりも、事前に十分に事務が適切に行われるように基準を作っておく方が望ましいことは言うまでもありません。そこで、地方自治法は「法定受託事務を処理するに当たりよるべき基準を定めることができる。」（自治法245条の9）と定めています。

	要　件	行　為	代執行
自治事務	違法又は著しく適正を欠き明らかに公益を害す	是正の要求	不可能
法定受託事務	違法又は著しく適正を欠き、かつ、明らかに公益を害していると認める	是正の指示	高裁判決で可能

 ちょっとひと休み

多様性が大切

　アメリカの映画やドラマで警察官が主人公となるものが結構あります。「うちのかみさんがね。」が口癖のコロンボ刑事や映画「スピード」でキアヌ・リーブス演じる警官、「L. A. コンフィデンシャル」の刑事などロサンゼルス市警が舞台となるものが多いです。こうした市警の警官のほか、郡部には保安官がおり、ニューヨークの大都会を騎馬警官が闊歩しているという風景もよく見られます。同じ警察といっても多様性があるのがアメリカの面白いところで、多様性を認めたために捜査能力などに差が生じるところは、FBI連邦捜査官が補うというシステムになっています。

　日本の自治体にも多様性を認めていけば、小さな市町村でも十分にやっていけ、合併とは別の生き方も見えて来るように思えます。

　なお、わが国の場合、構造改革特区によって多様性が生み出されています。例えば、教育特区では、小学生から英語教育、小中一貫教育など通常の義務教育のカリキュラムと異なる教育が行われているといった具合です。

　しかし、この多様性も、特区という名称が示しているようにあくまでも特例的なものですので、今後は、逆に、多様性を前提とした制度設計が望まれるところです。

（構造改革特区制度については、187頁を参照してください。）

4　自治体の仕事の限界

ここがポイント

　自治体の権能・パワーの根源に関して、①国家に由来するとする伝来説、②自らに備わっているとする固有権説、③憲法に由来するとする制度的保障説などがあります。
　自治体は幅広い領域の仕事を行っていますが、外交、国防など国に専属する仕事や宗教に関連する仕事は行うことはできません。
　また、民間の仕事を圧迫するような仕事や税金を使って行うのに疑問があるような仕事は自治体にふさわしい仕事とは言えません。

自治体のパワーの源は

　先に述べたように、自治体は実に様々な仕事をしています。その中には地方税の賦課徴収や危険な建築物の除去（法律用語で「除却」と言います。）命令やタバコのポイ捨ての禁止など住民の意思に反しても強制的に行う業務もあります。

　もちろん、このように住民の権利を制限したり住民に義務を課したりする業務は法律又は条例にきちんと規定されていなければなりません（この点は168頁以下で説明します。）。

　その正統性（規制することができる根拠）は13頁の住民自治で説明したように住民の選挙によって選ばれた長や議員によって行われているという点にあります。

　この法律又は条例の規定や選挙によって選ばれた長や議員によって行われているというのは手段であって、自治体にもともとそれを行う力が備わってなければなりません。

　このもともとのパワーはどこに由来するのかについて、次の3つの説があります。

(1) **伝来説**——権限は国家に一元的に帰属するが、その国家に帰属している権限を一定の範囲で自治体に行使を認めているという、国家の権限から伝来したものとする説

(2) **固有権説**——すべての個人に人権が備わっているのと同様に自治体に備わったもので、自治体に固有の権利であるとする説
(3) **制度的保障説**——本質的には伝来説であるが、地方自治を憲法が保障しているので、権限を与えている国といえども、もともとは自分の権限だからという理由で制限したり取り上げたりできないとする説で、中間的色彩が強い説

伝来説がベース

　この３つの説のうち、絶対的に正しいというものはありません。地方自治制度は歴史的な産物で、制度的に見てどの説が最も妥当するかというだけの差です。
　少し歴史を見てみましょう。
　ヨーロッパの近代国家は、王や地方の豪族が持っていた権限（人民から税を取ったり、人民を戦場に駆り出したりする力）を国民国家に一元化することから始まりました。
　国民を巻き込んで権限を一元化しないことには各国との競争に勝てなかったからです。
　明治維新で近代化を迎えたわが国も権限を早急に一元化しないと、西洋の列強の帝国主義の餌食となる恐れがありました。
　そこで、従来各藩が持っていた権限を中央政府に一元化するため藩を廃止し県を置くという廃藩置県を実施しました。そして県には今の知事に当たる県令を中央政府から派遣するという方法を取りました。
　まさに、このシステムは伝来説の具体化そのものですね。
　一方で、ヨーロッパの列強とは別の成り立ちの国もありました。アメリカ合衆国などがそれで、各州がそれぞれの権限を持ちながら、便宜上まとまった方が良いとき、例えば独立戦争を戦うときなど、には国という形態をとるという例です。これは固有権説が妥当しますね。
　わが国の歴史に戻ると、戦後アメリカの影響の強い憲法が制定され、その憲法に21頁で説明したように地方自治に関する章が置かれ、知事も住民の直接選挙で選ばれるようになりました。さらに、最近は地方分

権が進んで地方の権限が増大化してきています。

こちらの方に重点的に眼を向ければ固有権説が妥当するようにも思われます。

逆に、面白いことに、アメリカでは各州の力が強いことからコカコーラ、CNN、ヒューレットパッカード、ハインツなどの世界的な大企業の本社が各州に散らばっているという面はあるものの、最近は金融政策、テロ対策などで連邦政府の権限が強まり、わが国とは逆向きのベクトルが働いています。

筆者自身は、現在の地方自治制度を前提とする限りは、

①明治維新以来の国の成り立ち、②道州制や連邦制でないこと、③7章（168頁以下）で説明しますが、条例制定権に制約が多いことなどから、伝来説に軸足を置きながら、固有権説に数歩近づいた制度的保障説によるのが、現在の地方自治の姿から見て、最も妥当と思っています。

制度的保障説は、地方自治は憲法が制度として保障しているとするもので、具体的には、

(1) 消極的保障：地方自治の本旨は、国の法律をもってしても犯すことができないという防御的側面
(2) 積極的保障：地域の必要がある場合には、国の法律と異なる条例を制定したり、法律の解釈も、地域性に応じて自治体独自で解釈できるとする積極的側面

の2つの面で地方自治を保障しています。

いずれにせよ、現在は地方分権が進んでいますので、どの説をとっても現実の差はほとんどありませんが、固有権説は自治体の権限と業務を拡大する方向に、伝来説はブレーキに足をかけながら自治体の権限と業務を拡大する方向にといった差異があります。

どの説をとっても、自治体がやってはならない仕事、できない仕事、ふさわしくない仕事があります。これらの仕事を順次見ていくことにしましょう。

国の専属事務はできない

　外交、防衛、通貨政策など「国際社会における国家としての存立にかかわる事務」は国に専属する事務として自治体はその業務をすることができません（自治法１条の２第２項）。

　外交は戦争と平和に関する仕事（わが国の場合は憲法で戦争放棄を謳っています。）で、それだけに、一元的に（ただし、チャンネルは多く、マルチチャンネルで）対応することが必要で多元外交は望ましくないとされているからです。

　もちろん自治体も国際交流を行っており、姉妹都市などを提携している海外の自治体との小中学生の交流、アジア文化賞、トリエンナーレなど様々な面で国際交流を行っています。

　従って、結果として側面的に外交を助けるという面はありますが、自治体が外交の表に立つことはあり得ません（もちろん国際交流の表舞台に立つことはあります。）。

　防衛も国家の安全と国民の保護に関する業務ですので、一元的に国に属する仕事です。従って、自治体が自衛隊のような組織を持つことは認められません。もっとも、地域の中学生や高校生などの事情に詳しいのが自治体ですので、自衛官募集の事務を手伝ったりテロ対策を手伝ったりすることはありますが、あくまでも周辺事務に限られます。

　また、通貨政策も国家の基本政策の１つです。通貨は国家を成り立たせる重要なキー・ファクターで、刑法でも通貨偽造は内乱に関する罪や外患に関する罪と同様に国家に対する罪として重い罰が課せられています。

　もっとも、地域おこしの一環として地域通貨を発行することが一種の流行となった時期がありましたが、この地域通貨は国家の信用を前提とした通貨政策や金融政策とは全く別個のものです。

　このほか、地方自治法１条の２は

・全国的に統一して定めることが望ましい事務
・全国的な規模で、全国的な視点に立って行わなければならない施策
・その他国が本来果たすべき役割

などを国が重点的に担い、住民に身近な行政はできる限り自治体にゆだねることを基本とすると規定しています。

それぞれが、自分の業務に専心して他人の仕事に余計な口出しをしない、お世話を焼かないということを強調しています。

▍宗教行事はできない

わが国の憲法は、個人に対しては信教の自由を認めています（憲法20条1項）が、国及びその機関は、宗教教育その他いかなる宗教的活動もしてはならない（同条3項）とされています。この政治と宗教を切り離す方式は**「政教分離の原則」**と言われています。

さらに、憲法89条は、宗教上の組織や団体の便益などのために公金を支出したり、公の財産を利用させてはならないと定めています。

従って、自治体は自ら宗教活動をしたり、宗教活動に対して公金を支出したりすることができません。

従来から慣行的に行われていて、宗教に関連すると思いもしなかった公金の支出が憲法違反ではないかと裁判で争われた事例を見てみましょう。

(1) 市の体育館起工式に公費で神官を呼んで神式の地鎮祭を行った事例について、最高裁大法廷は、目的が宗教的意義を持ち――効果が宗教に対する援助等になるような行為であっても、わが国の「社会的・文化的諸条件に照らし相当とされる限度」に留まるものは合憲であるとしました（津地鎮祭訴訟最大判昭和52年7月13日）。ただし、これには5名の裁判官の反対意見が付せられていたこと、地裁及び高裁で違憲とされたことなどを勘案して、現在ではこのようなスタイルの地鎮祭は行われていません。

(2) 地蔵尊の建立のために町内会に市有地を無償譲渡した事例について、最高裁小法廷は「目的は――地元の協力と理解を得て右事業の円滑な進行を図るとともに、地域住民の融和を促進するという何ら宗教的意義を帯びないものであった、――その儀礼行事は地域住民の生活の中で習俗化し、――宗教性は希薄なものとなっている、」

として市有地の無償譲渡は適法であると判決しました（大阪地蔵像違憲訴訟最大判平成4年11月16日）。

(3) 靖國神社に奉納する玉ぐし料・献灯料などを6年にわたって公金から支出した事例について、最高裁大法廷は「その目的が宗教的意義を持つことを免れず──我が国の社会的・文化的諸条件に照らし相当とされる限度を超えるものであって、──本件支出は──違法というべきである。」と判決しました（愛媛玉串料訴訟最大判平成9年4月2日）。

(4) 神社の大祭奉賛会発会式に、市長が公用車を使って出席し、来賓として祝辞を述べた事例について、最高裁小法廷は、神社が市の重要な観光資源としての側面を有していること、発会式が市内の一般施設で行われたことなどの諸事情を総合的に考慮して、市長の行為は宗教的色彩を帯びない儀礼的行為の範囲内にとどまる合憲なものであると判示しました（白山ひめ神社訴訟最小判平成22年7月22日）。

(5) 市有地が無償で氏子集団である町内会に貸し出され、それが、鳥居や神社の祠などの敷地として使用されていることは、政教分離原則に反し違憲であると判示しました（空知太神社判決最大判平成22年1月20日）。

　なお、これには後日談があって、この判決を受けて、氏子集団が神社施設の撤去や空知太会館の賃料支払いなどの改善処置を講じました。しかし、それでもまだ不十分で依然として政教分離原則に反しているとして訴訟が提起されましたが、さすがに、最高裁もこの請求については認めませんでした。

　いずれの場合でも、最高裁は、目的が宗教的意義をもち、その効果が宗教に対する援助、助長、促進、又は、逆に、圧迫、干渉になるか否かという「**目的効果説**」に基づき、場所、当事者の意識、一般人の評価などいろいろな要素を総合的に加味して合憲、違憲を決めているようです。

　例えば、当事者の意識が明確に宗教目的によるものであった愛媛玉串料訴訟は違憲、神社の例大祭の発会に関するものであったとしても、観

光振興の要素があり、式典の会場が市民会館であった白山ひめ神社訴訟は合憲といった具合です。

社会通念上自治体が行うのに疑問のある行為

　自治体の仕事の場合、何らかの形で自治体の職員の手を煩わせ、公費を使うことになります。このことを前提として、逆に考えれば、自治体の職員の手を煩わし、公費を使うことに疑問がある仕事は、自治体の仕事としてふさわしくないということになります。

　この点に関連して面白い判例があります。

　事案は、町出身の衆議院議員が大臣に就任したので、その祝賀のためちょうちん行列などが行われ326万円余りの公費が支出されたというもので、最高裁小法廷は、「社会儀礼の範囲を逸脱しているとまでは断定することができず、違法とはいえない」とした原判決（大阪高裁判決）を是認しましたが、裁判官の1人で高名な憲法学者の伊藤正己博士の「全体として行きすぎたものであり――社交儀礼の範囲を逸脱したものとして違法」という反対意見が付されていました（最小判平成元年7月4日）。

　あなたなら、どちらの見解に立ちますか。

　いずれにしても、公金の支出に？がつくような仕事は自治体の仕事として望ましくないということになります。

 ちょっとひと休み

国内旅行にパスポートがいる国

　インドシナ半島の先端部に位置するマレーシアは、半島の 11 州にカリマンタン島（旧ボルネオ島）のサバ州、サラワク州の 2 州を合わせた 13 州から成り立っています。

　このサバ、サラワクは世界一大きな花ラフレシアの産地として、また、森の哲人オランウータンの生息地としても有名です。

　マレーシア国民がこの 2 州に出入りするためには同じ国内であるにもかかわらず、パスポートが必要とされています。というのも、1963 年マレーシアの中央政府がマレー人種優位の人種構成を保つという政治的思惑から、平身低頭してこの 2 州にマレーシアに加わってもらいましたが、その際自治権を最大限尊重して国並みに取り扱うと約束していたからです（マレーシア憲法 153 条）。

　こういうマレーシアのような地方自治の国で伝来説などを言えば、笑われますよね。

　固有権説といい、伝来説といっても、理論の正しさの問題ではなく、歴史や現実への妥当性の問題なのです。

3章 私たちは自治体の住民
―住民の権利と義務

1 住民の範囲

ここがポイント

　私たちは、生活の本拠となる住所がある市町村の住民及び都道府県の住民となります。住民には日本人のほか、外国人や企業、公益法人などの法人も含まれます。日本人の住民は住民基本台帳に登録され、住民基本台帳番号が付されます。この住民基本台帳番号により各種証明書の取得が容易になるなど住民の利便性が増加しています。
　また、平成21年の制度改正により永住外国人なども住民基本台帳に登録されるようになりました。
　さらに、マイナンバー法に基づく国民一人ひとりのマイナンバーにより、税や社会保障の面で利便性が増すと期待されています。

■ 会社や外国人も住民

　私たちはどこかに安心して睡眠のとれる休息の場を設け、そこをベースに職場（職場と住宅が同じ場合もあります。）や学校に通い、家庭を作り、子供を育てています。
　こうした生活の基礎となる場所を**住所**と言います（民法22条は「各人の**生活の本拠**をその者の住所とする。」と規定しています。）。
　私たちは、私たちの住所のある自治体の**住民**となります。より詳しく言えば、住所のある市町村の住民となり、かつ、その市町村を含む都道府県の住民となります。そして、その自治体から住民としての様々なサービスを受けたり、その自治体に税金を納めたりします（自治法10条）。
　13頁で住民自治について、同好会の会員の例で説明しましたが、同

好会の会員になるには、先輩会員の推薦や例会に6割以上出席することなどの条件が付くケースもありますが、自治体の会員である住民になるのは、もっと簡単で、その自治体に住所があるという事実だけで十分なのです。

逆に言えば、本人が嫌だと言っても、住所がある以上は、自動的に住所のある自治体の住民になるということです。

というのも、住所と自治体のサービスが密接に関連しているからです。例えば住所から車でドライブするときには市道や県道を通り、住所の近くの小学校に子供が通学したり、いざという時に市の消防局から救急車や消防車が駆けつけるなどの例です。

このような自治体のサービスを受けるのは、私たちだけに限りません。会社もその自治体の道路を利用したり、水道の供給を受けたりします。

また、外国人も同じですよね。

そこで、地方自治法は、その自治体に住所を有する限りは、日本人であれ外国人であれ、すべての人（法律では**自然人**と言います。）及び会社などの企業、一般社団・財団法人、NPO法人などの**法人**を住民と称しています。

ちなみに、同好会のように法人でない団体も自治体のサービスを受けていますが、ゆるやかな個人の集合ということで、法人格がないので住民にはなりません。

ホームレスの住所は

ホームレスは、文字どおり家（ホーム）がない（レス）ので、生活の本拠としての住所がありません。

一般に住所がない場合は、居るところ、居場所（これを**居所**と言います。）をもって住所とすると民法23条は規定しています。

従って、ホームレスもその居所のある自治体の住民となります。

ただし、後で説明する住民基本台帳への登録に関しては若干の問題が生じます。

ホームレスが市町村の収容施設に入っているような場合は、その収容施設を住所として登録することができますが、それ以外の場所を居所としている場合、特に寝泊りを禁止されているような場所（公園内、河川敷、歩道など）を居所としている場合はそこを住所として登録することができません（もっとも、平成18年1月27日大阪地裁は公園をホームレスの住所とする判決を出しましたが、平成20年10月3日最高裁小法廷は、都市公園法に違反して設置されたキャンプ用テントを生活の本拠と見ることは、社会通念上できないとの判決を出しました。）。

　現実的には、ホームレスになる前に生活を営んでいた場所で住民基本台帳に登録されていたはずですので、その自治体に登録されたままになっていることもあると思われます。

　この現実がホームレスの実態把握を困難にしている一因となっています。

好きな自治体の住民になれるか

　住所を有するという事実に基づいて好き嫌いに関わらずその自治体の住民になるので、住所を移す以外に好きな自治体の住民になる方法はありません。

　その場合は、現実に生活の本拠を好きな自治体に移さなければならず、形だけ移しても住所が移転したとは認められません。

　この格好の実例が、平成15年に発生した長野県知事の住所問題です。

　長野県知事が県庁のある長野市から150km離れ、通勤に往復7時間かかる泰阜村に住民として登録したのです。その理由は、泰阜村の過疎対策や地域おこしに取り組んでいる懸命な姿に感激し、何とか応援してあげたいとの思いからだそうです。

　しかし、知事の仕事の忙しさから見て往復7時間もかかるところを生活の本拠とするのは無理がありますよね。事実5ヶ月間に7回しか泰阜村で寝泊りしなかったと言われています。

　そこで、裁判所は泰阜村は知事の住所ではないと判決しました（最小判平成16年11月18日）。

この判決は、形式や知事の思い（主観）よりも、生活実態という客観的事実を重んじたものと言われています。
　ちなみに、住所の認定に関して、この判決のように客観的な生活の本拠としての実態、客観的な事実を重視する**客観説**、本人がどこを生活の本拠と考えているかという本人の意思を重視する**主観説**、さらに、客観、主観の双方を同等に重視する**折衷説**の3説がありますが、通説は客観説です。もっとも、長野県知事のように住所を移すまでのことはしなくても、ふるさとの市町村や水源地の町や村、よく通う施設や心癒される風物がある市町村――こうした市町村を何とか応援したいという思いを持つ人もいるでしょう。
　こうした思いに応えるために「**ふるさと納税**」制度が創設され、平成20年から実施されています。これは、自分の思う「ふるさと」に寄附した場合、自分の住んでいる自治体の個人住民税の税額から、おおむね次の算式で計算した額が控除され、減額されます。

税額控除の額＝（寄付金－2千円）
　　　　　　　×［10％＋｛90％－所得税率(年収に応じて0～40％)｝］

　仮に、年収700万円の人が、故郷の自治体に3万円寄附したとすると、22,400円が住民税から、さらに5,600円が所得税から税額控除されます。
　言い換えれば、2千円程度の自己負担の増加（この分は住んでいる自治体の税金の一部として残ります。）で、自分の思う「ふるさと」に3万円の税金（厳密にいえば寄附金です。）を支払うことができるということになります。

　　ふるさとの自治体の税収増（寄付金増加）　　30,000円
　　住んでいる自治体の税収減（税額控除）　　　22,400円
　　所得税の税額控除　　　　　　　　　　　　　5,600円
　　差額が自己負担の増加額　　　　　　　　　　2,000円

　ふるさと納税については、いくら寄附してもいいのですが、住民税で控除される額が、年収などに応じて決まっており、それを超えて寄附した場合、超えた額がまるまるの手出しとなってしまいます。
　そのため、これが実質的な限度額となっています。

平成27年からその控除額が2倍程度に引き上げられたため、より多くのふるさと納税ができるようになりました。

また、従来、確定申告が必要とされていましたが、一定の要件を満たせば、確定申告をしなくてもよいことになり、手続きの面からも、ふるさと納税がしやすくなりました。

◤ 住民基本台帳番号でより便利に

住所があるという事実があれば、それだけで住民となりますが、自治体側としてみれば、その住民の数や実態をきちんと把握していないと、小学校のクラスの数、住民税を誰に払ってもらうかなど多くのことを決定するのに大変に不便です。

そこで、地方自治法13条の2は「市町村は……住民たる地位に関する正確な記録を常に整備しておかなければならない。」と定めました。それが、**住民基本台帳**の制度です。

住民基本台帳に登録されるのは、基本的に日本国籍を有する住民ですが、外国人のうち、中長期在留者や永住者については、平成21年の住民基本台帳法改正により住民基本台帳に登録されることとなりました。

◤ 住民基本台帳の閲覧の自由とその制限

住民たる地位に関する正確な記録とするために、市町村の職員の努力だけでは限界があります。そこで、常にチェックしたい人には自由に見せて（住基法11条は、これを**閲覧**と言っています。）例えば、「あのおばあちゃんもう亡くなっているよ。」（100歳以上のご長寿の方の安否確認を全国で行ったところ相当数のご長寿の方が既に存命でなかったというニュースがありました。）とか、「○○家の次男坊東京に出てもう随分長くなるよ。」といった情報を得る必要がありました。

ところが、この制度を悪用して高齢者だけの家庭や女性だけの家庭など泥棒に入りやすい家庭を選び出し実際の犯行に及ぶという事件が発生しました。

また、一方で平成18年5月から施行された「個人情報の保護に関す

る法律」など個人のプライバシー保護の要求がかつてない程の高まりを見せていました。

そこで、自治体の中には住民基本台帳の閲覧を制限するところも出てきました。

こうした流れを受けて平成18年住民基本台帳法が改正され、従来の原則公開から、

　①国や自治体が閲覧する場合
　②統計調査、世論調査、学術研究などで公益性が高い場合
　③社会福祉協議会などの公共的団体の活動で公益性が高い場合

に限って閲覧を認めるという制限的公開へとシステムが変更されました。

住民基本台帳法その他の問題

また、住民基本台帳に登録した後に、その住民が特定の宗教の信者と分かったので登録を抹消したところ、その住民から抹消を取りやめて再び登録するように請求された事例があります。

これは、裁判にまでなりました。住所があるという事実がある限り市町村が登録を拒否したり、登録を抹消したりできないことは、今までの説明で分かりますね。

裁判所もそう判断しました（最高裁平成13年6月14日）。要は住民としての登録の問題ではなく、宗教の普及活動や宗教活動による近隣住民への迷惑（例えば深夜の活動による騒音公害など）をいかに規制するか、そちらの方がポイントなのです。

ちなみに、平成26年、高円宮家の次女典子さまが、出雲大社の権宮司の千家さんと結婚されましたが、これにより、典子さまは、皇室典範（○○法といってはいませんが、これも法律の1つです。）の規定により、皇族会議の議を経て、皇統譜から除籍され、新たに住民基本台帳に登録されることになりました。

住民票コードからマイナンバーへ

住民には、平成14年8月から基本4情報（氏名、生年月日、性別及び住所）とリンクした住民票コードが付され、転入転出手続きの簡素化など各種サービスがより簡単により便利に受けられるようになりました。

この住民票コードに関して、自治体や国民の中には、プライバシー保護の観点や、万一の事故などで自己の情報が漏えいするおそれなどから、住民基本台帳番号からの離脱を希望される方もいました。

そこで、憲法13条の幸福追求の権利をベースに離脱を求める訴訟が、数件提起されましたが、最高裁は、住民基本台帳ネットは住民サービスの向上及び行政事務の効率化という正当な行政目的の範囲内で行われていること、漏えいなどの「具体的な危険」が認められないことなどの理由で、自治体や国民の要求を退けています（住基ネット訴訟最小判平成20年3月6日）。最終的には、平成23年5月、札幌高裁判決に関する最高裁確定により、すべての住民基本台帳ネット訴訟が終結し、住民票コードの正統性が確定しました。

また、実際の運用においても、一部の自治体や国民が心配していたようなトラブルは発生しませんでした。

こうした実績も踏まえ、平成25年5月に、行政手続における特定の個人を識別するための番号の利用等に関する法律（いわゆるマイナンバー法）など関連四法が制定され、マイナンバー制度が導入されることとなりました。

マイナンバーでより便利に

マイナンバー法の施行に向けて、市町村では次のような業務を行っていくこととなります。

(1) 平成27年10月から、住民票コードを変換して得られる番号（マイナンバー）を「通知カード」により、住民に通知
(2) 個人情報保護条例など関連する条例の改正
(3) マイナンバーを自治体独自で活用する場合は、関連する条例の制定

や改正

(4) 平成28年1月から、住民基本台帳に記載されている者から、申請があった場合、通知カードの返納と本人確認の措置を行ったうえでマイナンバーカード（正式には個人番号カードと言います。）の交付

マイナンバーカードは、ICチップ付きで、個人番号、基本4情報のほか、有効期限などが記載され、さらに、写真が表示されます。

(5) マイナンバーの住民票への記載

マイナンバーによって、公的個人認証が可能となる（諸外国で、"Identification Card"略してIDカードと呼ばれているものと同様の働きです。）ほか、社会保障、税、災害対策などの分野での活用が期待されています。

なお、住民コードは「見えない番号」でしたが、マイナンバーは「見える番号」で、その分利便性が向上するのですが、それだけに、悪用される機会や誘因も増加するわけですので、慎重な上にも慎重な運用が望まれます。

2　選挙は住民自治の最も大切な実践の場

ここがポイント

> 18歳以上の日本人の住民でその市町村に3ヶ月以上住所を有する者は、その市町村の長及び議員並びにその市町村を包括する都道府県の長及び議員の選挙をすることができます。
> 　この選挙は、住民の意思を自治体の行政に反映させるための最も大切な機会で住民自治を具体化する重要な場です。
> 　最近、永住外国人にも自治体の選挙に限って選挙権を与えてもよいのではないかという議論が盛んになっています。

住民になると選挙ができる

自治体の住民になると、その自治体の長や議員の選挙ができます。私たちは市町村と都道府県の住民ですので、市町村長、市町村議会議員、

都道府県知事、都道府県議会議員の選挙を行い、一定期間（これを**任期**と言います。わが国の自治体の場合は4年間です。）私たちに代わってそれぞれの自治体の運営などを委ねるのに最もふさわしい人を選ぶことができます（もちろん、私たちは国民でもありますので、国会議員すなわち衆議院議員及び参議院議員の選挙もできます。）。

　これは、13頁でも説明したように住民自治を具体的に実現する最も大切な権利です。

　この自治体の選挙には、住民自治の観点、住民が自治体のサービスを受け、住民税などを負担するという点からみれば、すべての住民が参加することが望ましいと言えます。

　しかしながら、選挙の本質的な要素、技術的な要素、政策論的な観点から、一定の範囲の住民に限って、選挙に参加できる資格、選挙権が認められています。

　選挙権が認められていない方から順次見ていきましょう。

　法人に選挙権が認められていないのは、イメージとして分かりやすいと思われます。

　もっとも、法人もその代表者が法人を代表して投票することはシステムとしては可能です。しかしながら、法人はそれぞれの存立目的の範囲でその存在を認められています。例えば、企業は利潤追求を目的とするといった具合です。そうすると、代表者はその目的に反する候補者には投票できないことになり、近代の選挙の大原則である自由選挙に反することになってしまいます。

　また、住民といっても、赤ん坊や子供に投票させることが物理的な点、判断力の点から見て無理なことは言うまでもないでしょう。

　そこで、わが国の場合は18歳以上と年齢制限しています。この年齢は国によって異なっています。成人年齢よりも少し若い兵役年齢（18歳）としている国が多いですが、成人年齢（20歳や21歳が多い）としている国もあります。

　また、住民になって、まだ新しく、その自治体になじみの薄い人にも判断の点で無理がありますよね。そこで、地方自治法18条、公職選挙

法9条は「引き続き3箇月以上市町村の区域内に住所を有する者」が自治体の選挙の選挙権を有すると規定しました。

より細かく言うと、同じ市町村の中で住所を移転しても例えば、同じ市内でA地区からB地区に移転したとしても、その自治体のなじみという点ではずっと同じA地区にいる人と変わりはありませんので、選挙権が認められています。

さらに、選挙の技術的な観点からみても、一定期間の居住実績を選挙権の条件としていないと、生活用具一式をボストンバッグに詰めて選挙（ほとんどの日曜日にどこかの自治体で選挙が行われていることは翌月曜日又は火曜日の新聞の第2面を見れば、実感できると思われます。）の行われている自治体、特に接戦で一票の価値が高い自治体を渡り歩くいわゆる選挙ブローカーの存在を許してしまうことになりかねないからです。

さらに、地方自治法11条は、住民のうち、日本人に限って選挙権を認めています。ここで、日本人とは、日本国籍を有する者をいい、例えば、サッカー選手のサントスやトゥーリオ（闘莉王）は人種的には日本人ではありませんが、帰化により日本国籍を取得していますので、法律上は日本人として取り扱われます。

永住外国人の地方参政権問題

外国人に選挙権を認めていないのは、外国人はその本国の国籍を有しており、その国と日本の国益が相反する場合があるからと言われています。

まとめると、住民のうち、満年齢18歳以上の日本人で、その市町村に引き続き3ヶ月以上住んでいる者に限って選挙権を認めているのです（自治法18条）。

住民		18歳以上で3ヶ月以上の居住	それ以外
	日本人	A ○	B ×
	外国人	C ×	D ×
	法人	E ×	F ×

現在の制度は表のようになっていますが、外国人のうち、満年齢18歳以上で、その市町村に引き続き3ヶ月以上住んでいる者（表でいうとカテゴリーC）については自治体の選挙に限って選挙権を認めてもよいのでは？　という議論があります。
　その論拠は、外国人も住民として①日本人と同様に自治体のサービスを受けていること、②日本人と同様に住民税などを負担していること、また、③外交や防衛のように外国との利害が衝突する恐れのある行政を行っている国と違って、住民に身近な行政を行っている自治体の場合は外国と利害が対立するような事態が考えにくいこと、などです。
　実際に、外国人に自治体の選挙権を与えないのは、平等の原則を規定する憲法14条、自治体の長、議員について住民による直接選挙を規定する憲法93条などに違反するとして訴訟になり、最高裁判所まで争われた事例があります。
　最高裁は、外国人に地方参政権を与えていない現行の制度は合憲である。ただし、将来法律を改正して永住者等その居住する区域の地方公共団体と緊密な関係を持つに至ったと認められる外国人に選挙権を認めても合憲であると大変に物分りのいい判決を下しました（最小判平成7年2月28日）。
　要はどちらでもよくて、法律の決め方次第としたのです。
　さらに、現実の問題として、住民の数パーセントが外国人という地方都市が相当現れてきており、外国人の意向を無視しては自治体の行政が成り立たないというところも出てきています。そこで、それなら選挙権を認めて地方自治法の認めるルートで外国人の意向を自治体行政に反映させるほうがよいという考えが出てきています。
　選挙権は、住民自治の具体的な実践のために最も大切な権利です。その点から言っても、先に説明したように永住者など一定の外国人が住民基本台帳に登録されるようになったことなどを勘案して、永住者など一定の外国人に選挙権を認めてもいいのではないかと筆者は考えています。

■ 条例で中学生に選挙権を与えられるか

また、自治体の長や議員を選出するための選挙権については、以上述べてきたように法律できちんと定められているので、それと違う定め、例えば、条例で外国人に選挙権を認めたり、12歳以上（中学生以上）の選挙権を認めたりすることはできません（条例及び法律と条例の関係については171頁以下を参照）。

しかし、例えば重要な施設の設置などについて賛否を問う住民投票について、住民投票条例を定め、その中で外国人の投票を認めたり、中学生以上の投票を認めたりすることは可能です。少し詳しく説明すると、この住民の投票結果をアンケート調査的（諮問型という学者もいます。）に参考として使用することは全く問題がありません。このような住民基本条例を作成する自治体が増加してきています。住民自治のさらなる進展という観点から望ましいことと言えます。しかし、この住民投票結果どおりに行政をしなければならないと条例で規定する（これを拘束型と言う学者もいます。）ことは代議制民主主義の趣旨から違法である（折角選挙で長や議員を選んで行政を委ねている意味がなくなる。）と考える学者が大半です。

■ 投票に行こう

このように選挙権は、住民自治のために最も大切な権利ですが、自治体の選挙の投票率が低いなど実際にはあまり活用されていません。

これは、政党化が進行したこと、地方議会のオール与党化が進んだこと、収入面で地方税について自由度が少ないため候補者間に政策面での差異が少なくなったことなどから、選挙が魅力的でなくなってしまったことによるものと思われます。

しかしながら、近年、地方分権が進展し、自治体の政策の自由度が増加したことなどから個性的な候補者が増加するなど選挙が面白くなってきています。

是非この大切な権利の行使を怠らないようにしたいものです。

このようにして選んだ長や議員が、どんな仕事をしているのかについ

ては、4章（77頁以下）、5章（101頁以下）でそれぞれ説明しますが、その前に折角選んだ長や議員が私たちの思いとズレていた場合に、どうしたら良いかについて次に見てみることにしましょう。

3 次の選挙まで待てないとき
　　　――長の解職の直接請求など

ここがポイント

> 選挙で選んだ自治体の長や議員が私たちの意思と異なる行政を行っている場合、次の選挙で別の人に代えるという方法がありますが、それまで待てないときは、その自治体の選挙権を有する者の一定数の署名によって、長や議員の解職や議会の解散を請求することができます。これは解職、解散の直接請求と呼ばれるもので、住民自治の保障のための1つの重要な制度です。

ダメな長を代えたいと思ったら

　私たちは選挙で長や議員を私たちの代表として選び、4年間彼らに自治体の運営を委ねますが、その長や議員が私たちの思いと異なることを行っていると考える場合には、通常は次の選挙（遅くとも4年後には行われます。）のときに、その長や議員には再度投票せずに、別の候補者に投票することで、私たちの思いを実現してくれそうな候補者に差し替えるという手段が取られます。

　しかしながら、場合によっては次の選挙まで待てないときがあります。

　例えば、
(1) 人格が疑われるようなスキャンダルが発覚し、信頼して自治体の行政を任せることができないような場合
(2) 大きな問題について、現在の長や議員の方針通り推進又は放置すると将来取り返しのつかない事態となると思われる場合（伝統ある建物の改修や渡り鳥が来る干潟の埋め立てなど）
(3) 個々の事案への対応が不適切であったり、仕事のやり方が強引すぎ

る、強圧的すぎるなど現在の長や議員では信頼できる自治体づくり
　ができないと思われる場合

などです。

このような場合には、次の選挙まで待たずに長や議員を代える方が住民自治の観点から望ましいと言えます。

とはいっても、いったんは長や議員として選んだ人の身分に関わることですので、地方自治法は、次のように慎重な手続きを定めています。

解職の手続き

長の解職を例にとって説明します。

その自治体の選挙を行うことができる住民（61頁以下で説明したように「住民のうち、満年齢18歳以上の日本人で、その市町村に引き続き3箇月以上住んでいる者」で、選挙権を有する者ということから**有権者**と言います。）の総数の3分の1以上の署名をもってその代表者から、選挙管理委員会に**「長の解職」の請求**をします（自治法81条1項）。この請求を受けた選挙管理委員会がこの署名について必要な審査を行ったうえで、有効な3分の1以上の署名があると認める場合に、有権者の投票にステージが移ります（自治法81条2項）。この投票で半数を超える者が「長の解職」に賛成した場合は、長は自動的に失職することとなります（自治法83条）。そうすると、長がいなくなってしまいますので、新しく長を選挙することとなります。

この選挙は俗に「出直し選挙」や「やり直し選挙」と言われています。

なお、この出直し選挙には、解職請求で失職した長も立候補することができます。実際に、この出直し選挙で失職した長が当選し、再び長のポストについたという事例も、不思議なことに結構あるのです。

（こんな現象が生じるのは、解職された長の支持派の巻き返しや解職時と出直し選挙時の投票率の相違などの理由によるものですが、折角苦労して3分の1以上の署名を集め、解職投票までしたことが、結局元の木阿弥になってしまうようにも、感じられます。しかしながら、仮に同

じ人物が長になったとしても、解職後の出直し選挙で長に返り咲いた者は、やはり、従来とは政策に対する考え方や人生観などが変わっているはずなので、署名や解職投票も全く無駄であったということにはならないと思われます。）

　また、選挙が終わってすぐに解職請求を行うことは、最初の選挙の意味や折角の手間をかけて行った選挙の意義を損なってしまいますので、選挙から１年間は「長の解職」の直接請求はできないと定められています（自治法84条）。

　同様の理由で出直し選挙から１年間は「長の解職」の直接請求はできないということも理解しやすいことと思われます。

　この長の解職請求のほか、議会の**議員の解職請求**、これは議員の個々人が対象ですが、さらに、議員全員の解職を意味する**議会の解散請求**も同様の手続きで行われます（自治法76条〜80条）。

　上の説明の中で「長の解職」とある箇所を「議会の解散」又は「議員の解職」と置き換えて読んでみてください。

　なお、有権者総数の３分の１の署名は、人口が5,000人位の自治体で有権者数が4,000人ですと、1,334人の署名で済み、それほど大きな負担とはなりませんが、大きな自治体ではなかなか３分の１の署名を集めることは困難です。それで、有権者総数が40万を超える自治体ではその超える部分のうち80万まではその６分の１に、さらに80万を超える部分はその８分の１でよいとされています（自治法81条１項かっこ書き）。

　例えば、人口が120万人で有権者総数が100万人の場合

　　40万 × 1/3 +（80万 − 40万）× 1/6 +（100万 − 80万）× 1/8 = 133,334 + 33,334 + 25,000 = 191,668

といった具合です。

　ちなみに、従来は６分の１、８分の１といった緩和措置がなく、100万 × 1/3 = 333,334 が必要でしたので、相当緩和されたとは言えます。

　この８分の１の緩和措置がとられる以前の話となりますが、平成22年８月に名古屋市長の主導で進められた議会解散の直接請求は30数万

人の署名を集めて成立、その後の解散の是非を問う住民投票でも過半数を獲得したため議会は解散され、平成23年3月に議会議員の選挙が行われました。

ちなみに、名古屋市を除いては都道府県と政令指定都市で解職請求や解散請求が成立したことはありません。

この名古屋市議会解散の直接請求のもう1つの特徴は、現職の市長が主導したという点です。これは、地方自治法が全く予想していなかった事態です。

というのも、直接請求は、自治体の行政に納得できない住民が、住民自治の観点から、行政を変えるために行うものだからです。

現役の市長が主導した場合、市長の署名運動を手助けするため地位利用によって署名を集めようとする公務員が出てこないとも限りません。そこで、公務員の地位利用による署名運動に新たに罰則が設けられました。

これは公務員の地位利用による選挙運動が禁止されているのと同様の考え方です。

また、この流れとは別に、最高裁判決（平成21年11月18日）を受けて、直接請求の代表者にその自治体の選挙管理委員会の委員や職員はなることができないなど代表者の資格の明確化が図られました。

選挙管理委員会は、直接請求の署名の有効、無効などを判断する行政機関ですので、審判がプレーヤーを兼ねることができないのは、当然のことですよね。

以上の3つの長の解職、議員の解職、議会の解散の直接請求は、次の選挙を待てないことから生じる事態ですので、選挙と類似の手続きが取られるのです。

少し特殊な話となりますが、議会の同意を得て選任される公務員、委員会委員を解職したいときは、有権者の3分の1以上の署名により、議会で3分の2以上の議員が出席し4分の3以上の特別多数で同意した場合は解職されます（自治法86条～88条）。

また、政令指定都市の総合区長も同様とされています。これは、選任

の際に議会の議決を必要としていることと裏腹の関係になっています。

4 ルールを作りたいと思ったら
──条例制定の直接請求など

ここがポイント

> 自治体のルールである条例を私たちの意思に基づいて制定したいと思う場合、その自治体の選挙権を有する者の一定数の署名によって、条例の制定を議会に請求することができます。また、事務の進め方がおかしいと思う場合も同様に、**事務監査**を監査委員に請求することができます。
> 公金の使い方に疑問がある場合には、住民1人でも、監査委員に**住民監査請求**を行うことができます。

◢ ルールを作りたいと思ったら

 長や議員を代えるまでには至らなくとも、長や議員が私たちの望むルールすなわち自治体の条例を作ってくれないといった場合は、私たちが自らの手で条例を作るのが、直接民主主義の観点から望ましいと言えます。
 条例の制定や改廃は、有権者の50分の1以上の署名による請求により、議会で審議されることとなります（自治法74条）。

◢ 事務の進め方がおかしいと思ったら

 事務の進め方がおかしいと思われる場合は、有権者の50分の1以上の署名による請求により、監査委員の監査が行われることとなります（自治法75条）。
 これらの請求は、それぞれ専門家の議会の議決や監査委員の監査を求めるためのきっかけとなるものですので、50分の1の署名でよいとされているのです。
 さらに、事務監査よりその対象がぐっと狭くなるのですが、自治体のお金（これを公金と言います。）の管理や使われ方に問題がある場合や

契約の仕方が悪く将来余分な公金を払うおそれがある場合などに、住民は監査委員に対して監査を請求することができます（自治法242条）。

この場合は前述した**事務監査**とは異なり、財務についての違法や不当の発見、チェックの端緒の役割を果たすだけのもので、しかも違法や不当に関係する話ですので、住民1人でも請求できることとしています。

住民ですので、54頁で説明したように法人、外国人、未成年も請求できることになります。

以上が地方自治法に規定する直接請求などですが、これ以外に市町村の合併の特例に関する法律は、将来の合併の対象となる市町村の合併の協議の場となる合併協議会の設置について、有権者の50分の1以上の署名による請求により、それぞれの市町村の議会の議決を求めることができると規定しています（市町村合併特例法4条）。

区　分	請　求	決　定
<地方自治法>		
長の解職請求	有権者の1/3*以上の署名	有権者の投票（過半数）
議会の解散請求	有権者の1/3*以上の署名	有権者の投票（過半数）
議員の解職請求	有権者の1/3*以上の署名	有権者の投票（過半数）
主要公務員の解職請求	有権者の1/3*以上の署名	議会の議決（2/3×3/4）
総合区長の解職請求	有権者の1/3*以上の署名	議会の議決（2/3×3/4）
条例の制定改廃の請求	有権者の1/50以上の署名	議会の議決（過半数）
事務監査の請求	有権者の1/50以上の署名	監査委員
財務監査の請求	住民1人以上	監査委員
→住民訴訟	財務監査の請求をした住民	裁判所
<市町村合併特例法> 合併協議会の設置請求	有権者の1/50の署名	各議会の議決（過半数）

*有権者総数が40万を超える場合は、40万の1/3に、40万～80万の部分の1/6、80万を超える部分の1/8を加えた数の署名となります。

▰ 直接請求に関して問題とされていること

次に直接請求に関して問題とされていることについて、説明しておき

ます。
(1) 必要な署名の人数をより少なく、署名収集期間をより長くすべき

　解職、解散の直接請求をするためには、有権者の3分の1（有権者総数が40万を超える場合は、40万の3分の1に、40万〜80万の部分の6分の1、80万を超える部分の8分の1を加えた数）以上の署名を、市町村の場合は1ヶ月以内、都道府県の場合は2ヶ月以内に集めなければなりません（自治法76条）。

　これは、人口が多く、区域が広い大都市や都道府県では、大変に厳しい条件となっています。平成22年8月、政令指定都市としては初めて名古屋市で議会解散の直接請求が成立しましたが、その署名収集活動が大変だったことは、テレビ報道などでご覧になった方も多かったことでしょう。

　先に説明したように、40万を超える場合の特例など一部要件が緩和されてきましたが、それでも、まだまだ不十分です。必要な署名数の割合や署名収集期間をもっと緩和するべきと思います。

　そうすることによって、都道府県でも直接請求が成立することになり、都道府県行政が私たちにより身近なものになると思われます。

(2) 地方税などの賦課徴収に関する条例の制定も直接請求の対象にすべき

　条例の制定、改廃の直接請求には、例外が規定されていて、地方税の賦課徴収並びに分担金、使用料及び手数料の徴収に関するものが除かれています（自治法12条1項かっこ書き）。

　その理由は、このような請求を認めると税金を安くするための条例請求が乱発されるおそれがあるということです。しかし、住民の意識も最近変わってきており、これを認めたからと言っても乱発される恐れは考えにくいし、税金を安くする条例を議会が仮に否決したとしても議員の評価が落ちることもないと思われます。

　むしろ住民自治を徹底する観点からは、この制限をなくすべきだと思います。

(3) 条例の制定、改廃の最終決定を有権者の投票にすべき

条例の制定、改廃の決定は現在議会の議決によることとされていますが、長や議員の解職請求と同様に有権者の投票（過半数）によるというシステムも考えられます。

　事実、アメリカでは24州がこの有権者の投票（**レファレンダム**）によっています。

　また、特例法段階ではありますが、特別区設置の可否や合併協議会の設置請求のように一部ではありますが、最終決定を有権者の投票に委ねている規定もあります。

　有権者の投票による道を開くことも必要ではないかと思われます。

(4)　事務監査を住民1人でも請求できるようにすべき

　直接請求の一覧表を見ても分かるように、財務の監査請求は住民1人でもできるのに事務監査は有権者の50分の1以上の署名がないと請求できません。

　事務監査も財務監査と同様に、最終的には専門家の監査委員に委ねられることになりますので、住民1人の請求で十分と思われます。

5　住民の義務

ここがポイント

　自治体の活動の経費に充てるため、住民は住民税などを負担しなければなりません。この住民税は自治体のサービスに対する対価としての性質を有することから、住民に広く薄く負担してもらうという「応益の原則」に基づいて課税されます。

　住民税以外にも、住民は自治体の活動に直接、間接に参加しています。

◤　地方税の納付義務も—住民の義務

　住所があるという事実だけによって、私たちは望むと望まざるに関わらず、住所のある自治体の住民いわば自治体の会員になります。

　同好会のような会員でも会費が必要なように、住民も自治体の会費、必要な経費の負担をする必要があります。

この点を地方自治法は「住民は、法律の定めるところにより、その属する普通地方公共団体の……負担を分任する義務を負う。」と規定しています（自治法10条2項）。

その典型的なものが住民税ですが、会費と同じような性質のものですので、できるだけ広く、浅くが望ましいとされています。

というのも、住民は広く、また所得の大小にかかわらず、自治体のサービスを受けているからです。

このように受けているサービスの程度に応じて税金を負担する方法を「**応益原則**」と言っています。

ちなみに、国の税金、国税の場合は所得の大小に応じて税金を徴収する「**応能原則**」によっていると言われています。

その他の負担

また、税金のほかに、地域の消防団の団員になったり、自治会や町内会の役員になったり、何らかの形で自治体のお手伝いをしている方もおられることでしょう。

224頁でも説明しますが、NPO法人として地域づくりのお手伝いをする道もでき、私たちの意向や能力を積極的に自治体行政に活かせるようになりました。

いずれにしても、このようなお手伝いはあくまでも個人の意思によるボランティア的なもので、決して強制的に割り当てられたりするものであってはならないことは言うまでもありません。

このようなサービス面でのお手伝いのほか金銭的なお手伝いも、あくまでも住民の自由意思に基づくものであることが大切で、強制的に割り当てられるものであってはなりません。この点を地方財政法4条の5は「**割当的寄附金等の禁止**」として明確に規定しています。

以上の負担と表裏をなすものとして、私たちは自治体の施設、公民館、コミュニティセンター、病院、小中学校、図書館、道路、自治体の窓口など、自治体のサービスをひとしく受ける権利を有しています（自治法10条2項）。

6 自治体の構成要素

ここがポイント

　住民に区域、自治権を加えた3つを自治体の構成要素と言います。ちなみに、国家の構成要素は国民、領土、主権の3つです。学者の中には自治権に代えて法人格とする者もいます。

自治体の構成要素

　一般的に、国の場合、国民、領土、主権の3つがその**構成要素**と言われています。

　この国の3要素にならって、自治体の場合も、住民、区域、自治権の3つを**自治体の構成要素**と言っています。

　住民については、今まで説明してきたことでよく分かりますね。**区域**については従来の区域によると規定されています（自治法5条）。

　これは、現実的には、川の中央や山の峰などの自然の形状に沿って区切られるケースが多く、従来から培ってきた住民の意識とも合致しています。

　なお、平成の市町村合併で、区域が大きく変わりました。なかには、飛び地合併で飛び地ができたり、県境をまたぐ合併（長野県山口村が岐阜県中津川市に吸収合併され、これに伴って、県の区域も変更されました。）があったりしましたので、区域の変更について地図で確認してみましょう。

　また、**自治権**は、自らのことを自ら決定できるパワーを有するということで自らの組織は自ら作るという自治組織権、自らのルールは自ら作るという自治立法権、自らの財源は自ら集め自らの意思で使うという自治財政権などから構成されています。

　もっとも学者の中には、自治権の代わりに独立した人格を有するという法人格を構成要素に数える者もいます。

 ちょっとひと休み

直線か曲線か

　わが国の自治体の区域は従来の区域によっているため、川の中心線や山の稜線などが境界線となっているものが多く、境界線を引くと大体が曲線となります。

　また、瀬戸内海の島々の県境は桶を流して海の潮の流れに沿って決めたという伝説があるくらいで、これもきれいな曲線となっています。

　ところが、世界地図の中には、定規で引いたような直線で区切られた国境があります。中央アフリカの国々の国境がそれで、植民地時代にフランス、イギリス、オランダなどの宗主国が自然の地形や歴史的なつながりを無視して国境を決めてしまった名残なのです。

4章 誰が自治体を運営しているのか——執行機関

1 自治体の長は地域の代表

ここがポイント

　自治体の長（知事、市町村長、特別区長）は、地域の代表として、条例などの議案の議会への提出、予算の調整、執行など地方自治法に例として掲げられている仕事をはじめ、地域振興や住民福祉の増進のために実に様々な仕事をしています。
　自治体の長は、勤務時間にしばられない特別職の公務員とされています。

長の姿を見かけるとき

　これまで自治体の長という総称で説明してきましたが、実際の長は、都道府県にあっては都道府県知事、市町村にあっては市町村長、特別区にあっては区長です。
　新聞、テレビといったマスコミ報道を含め、皆さんはどんな時に知事、市町村長や区長を見かけるでしょうか。

(1) 成人式の式典などいろいろな式典であいさつをしたり、野球大会などで始球式をしている姿
(2) お祭りやイベントの際に、ステージや山笠の山車に登っている姿や法被（ハッピ）を着て地域のPRに努めている姿
(3) 海外からのあるいは国内のVIPやお客さんを案内している姿
(4) 新年度の予算やユニークな条例を記者クラブなどで発表している姿
(5) 道路、橋、トンネルの竣工式や図書館、美術館などの開館式でテープカットしている姿
(6) 風水害や大地震の際に防災服で災害復旧に努めている姿
(7) 飲酒運転など職員の不祥事を謝っている姿

(8) 議会で、所信を説明したり、議員の質問に答えたりしている姿
(9) 選挙の時に演説したり手を振ったりしている姿（選挙のときに握手したという経験を持つ方も多いでしょう。）

などなど、数え上げれば実にたくさんの局面で長の姿を見ることに気づくでしょう。

法律的に分類すれば

先に挙げたように、自治体の長は実に様々な仕事をしていますが、地方自治法はそれを次のように規定しています。

1　自治体を統轄し、代表する（自治法147条）。

先に説明した（1）〜（3）のような仕事、特に（3）海外からのVIPを案内しているときには、代表としてのイメージがしますね。

2　自治体の事務を管理、執行する（自治法148条）。

この規定は自治体の長が包括的、網羅的に仕事ができるように権限を与えた規定で、誰の仕事、権限か不明の場合は自治体の長にその権限があると推定して事務が行われます。また、その事務の執行にあたっては、自らの判断と責任において、誠実に管理し及び執行する義務を負うとされています（自治法138条の2）。

3　概ね次のような事務を担任する（自治法149条）。

　①条例案など議案の提出
　②予算の調整、会計の監督、地方税の賦課徴収など
　③財産の取得、管理処分など
　④公の施設の設置、管理など
　⑤公文書などの管理

概ねと規定しているように、上に掲げた担任事務は代表的なものを例として挙げているので例示的列挙と呼ばれ、2で述べたように規定されていない事務もできます。

このほか職員の不祥事への対処のように職員の行為に責任を持つ組織の長としての仕事もしています。

自治体の長は忙しい

このように、自治体の長は実にたくさんの仕事をしています。特に（1）～（3）に例示したようにお祭りやイベントは祝日や休日に多く開催されますし、（6）の災害も休日であろうとおかまいなしに発生します。そのため、自治体の長は休日もゆっくり休む暇もない程に忙しいとよく言われます。

もっとも、自治体の長は、**特別職の公務員**ですので、**一般職の公務員**と違って勤務時間という考え方がありません。従って、時間外勤務手当（超過勤務手当、俗に残業手当）の支給もありません。

休日も働くこともあるということも含め、全体的な仕事を勘案して給料が支払われるというしくみになっています。

また、その給料の額がいわゆるお手盛りにならないように、その額や支給方法については条例で定めなければならないとされています（自治法204条）。

代表ゆえに困ったことも

自治体の長が、自己の権限に属する正当な行為を行っている場合は何ら問題はないのですが、長が権限外の行為をした場合や議会の議決が必要な仕事について議決を経ずに行った場合には、自治体を代表しているだけに少し厄介な問題が生じます。

そんな例を見てみましょう。

村の中学校の建設をしていた会社が資金難に陥ったので、村長が権限がないのにもかかわらず、村が全責任を持つからと言って銀行からの融資を受けさせたが、その会社が借金の返済をしなかったケースがありました。

一般的には、権限外の行為や必要な議決を経ていない行為は、本来的には効力を生ぜず、無効となり、その行為が行われる前の状況に戻ります。そうすると、上記のケースの場合、村の保証がなかったこととなり、銀行側は融資したお金がほとんど戻らなくなります。

そこで、銀行側は、旧民法44条「法人ハ理事其他ノ代理人カ其職務

ヲ行フニ付キ他人ニ加ヘタル損害ヲ賠償スル責ニ任ス」の規定を使って、村に損害賠償を求めたのです。この旧民法の規定は公益法人などを念頭に置いたもので、自治体をイメージしたものではありませんでしたが、自治体も法人ですし、長が代表者であることから代理人であることも間違いないのでこの規定の適用も考えられない話ではないですね。

　最高裁は「村議会の議決がないため、または所論法律に違反するため、無効または違法であるとしても、村長が村を代表して手形の振出をなすこと自体は、外見上村長の職務行為とみられるから」として、村に損害賠償を命ずる判決をしました（最小判昭和37年9月7日）。

　無効かどうかという議論になると「0％か100％か」となりますが、損害賠償の議論になると相手方（この場合は銀行です。）が村長に保証をする権限があると信じたことに過失がなかったかどうか、その過失の具合によって損害の一部を賠償するという柔軟な決定も可能となります。実際に上記の最高裁も銀行側の過失を認めています。

　この判決の考え方は現在でも有効と考えられていますが、その要点は次のとおりです。

　自治体の長は自治体を代表し、しかもその権限も包括的なので、長が越権行為などをした場合でも、長が正当な権限を持っていると契約の相手方が勘違いしても仕方のないケースもありますので、そのような場合には、旧民法44条の規定（なお、この規定は平成18年の改正により、削除され、現在は「一般社団法人及び一般財団法人に関する法律」78条及び197条に引き継がれています。）を類推適用して自治体に損害賠償請求することができると解されています。

2 ふさわしい人を長とするために
──長の被選挙権、任期など

ここがポイント

> 自治体の長に立候補できるのは、知事にあっては30歳以上、市区町村長にあっては25歳以上の日本国民で、その自治体に住んでいなくても立候補できます。
> 住民の直接選挙で選ばれる首長制のシステムです。
> 任期は4年で、この間一定の身分保障がなされており、法律に定める理由による以外には、意思に反して辞めさせられることはありません。

どんな人が立候補できるか

　自治体の長が自治体を代表し、包括的な権限を有し、たくさんの仕事をこなしていることから、ふさわしい人を長に選ぶことが大切となっています。

　民間企業も社長にどんな人がなるかによって、大きく業績が伸びる企業と業績が低迷する企業とに分かれますが、自治体もどんな人が長になるかによって住みよくなったり、栄えたりします。もちろん逆に悪くなるケースもあります。

　特に近年は地方分権の進展によって、長の権限や仕事のやり方の自由度が増えていますので、長による自治体の格差はますます拡大する傾向にあります。

　長が住民の直接選挙で選ばれることは61頁で説明しましたが、どんな人が長の選挙に立候補できるのかについて、地方自治法19条は次のように定めています。

都道府県知事	年齢30歳以上の日本国民
市町村長、特別区長	年齢25歳以上の日本国民

　これは、立候補できる条件ですので、積極的要件と呼ばれています。この要件をクリアしていても、例えば禁錮5年の刑で刑務所にいるよう

な人に自治体の代表である長に立候補されても困りますね。そこで、公職選挙法11条は例に挙げたような人など一定の人については、立候補できないと定めています。この場合は立候補できない条件ですので、消極的要件と呼ばれています。

　ここで、62頁で説明した選挙権を思い出してください。投票することができる権利、選挙権は、年齢18歳以上の日本国民でその市町村に引き続き3ヶ月以上住所を有する者という条件が必要で、引き続き3ヶ月以上住所を有する（これを**「住所要件」**と言います。）という条件が付いていましたが、立候補するための条件（これを**「被選挙権」**と言います。）には、この住所要件がありません。

　これは、その地域の人材だけに限定せず、立候補の門戸をオープンにして全国から広く人材を求めようとする趣旨からのものです。

　投票には住所要件がいるのに、立候補するには住所要件がいらないことから、その自治体に住んでいなかった人が立候補した場合には、自分の選挙なのに、自分に投票できないという場合も出てきます。面白いことにこのような例が結構あるのです。

　また、知事の年齢要件が30歳と市町村長の25歳より5歳高いのは知事の業務が37頁で説明したように、連絡調整事務などいわゆる「年の功」を必要とするものが多いからです。

　さらに、人材を広く求めるために、公職選挙法に1つの小さな規定があります。それは、90条の規定で、公務員が公職の候補者に立候補したときは、公務員の退職についての規定（例えば、89頁の副知事などの退職の規定）にかかわらず、立候補の届出の日に退職したものとみなすという規定です。

　昔は、ある公務員が故郷の仲間からその自治体の長になるように懇望されても、優秀な公務員であったため上司がなかなか辞表を受理しないので、立候補できないといった事例がありました。この公職選挙法の規定によって、公務員が故郷の仲間の思いと上司の思いとの板ばさみになるような事態が改善されたのです。

悪用された例も

このように自治体の長にふさわしい人を選ぶために、立候補の門戸が広げられているのですが、この制度が悪用された事例がありました。

ある裁判官に非行があって、それが発覚し、事実関係の調査の後に弾劾を受けて辞めさせられそうになりました。辞めさせられると退職金が支給されないなどいろいろな点で不利益が生じます。

それならば、辞めさせられる前に自発的に辞めようと考えましたが、このような状況下では上司が辞表を受理するはずがありません。

そのときたまたま町長の選挙の立候補の受付を行っていた自治体があったので、裁判官には縁もゆかりもない町でしたが、その選挙に立候補したのです。先に説明したように長の立候補には住所要件が不要なので立候補することができ、また、立候補したことにより、首尾よく公職選挙法90条の規定で自動的に公務員を辞職したことになり、退職金を手にすることができました。

裁判官で法律の専門家であるだけに法律を悪用した訳です。法の番人でなければならない裁判官なのに、困った人もいたものです。

こんな悪用の事例もありましたので、裁判官弾劾法を改正し、この事例のような場合には公職選挙法90条の規定は適用しないこととされました（裁判官弾劾法41条の2）。

また、一般の公務員の場合は、この例のような形態で退職し、いったん退職金を支給したとしても、後で退職金を返還させることができるなどの取り扱いとされました（国家公務員退職手当法15条、16条など）。

任期は4年

自治体の長の任期は4年（自治法140条）で、この間に安心して長としての職務に専念してもらえるように十分な身分保障がなされています。

長が4年の任期を全うせずに、期間内に辞めるのは、
(1) 死亡による場合（これは天の意思なので仕方ないですね。）
(2) 自らの意思によって自発的に辞任する場合

この場合でも急に辞められては、自治体の行政に支障が生じますので、

　知事は、辞める予定日の30日前までに

　市町村長は、辞める予定日の20日前までに

議会の議長に退職を申し出なければならないとされています（自治法145条）。

　もっとも、この30日前、20日前というのは、行政に空白が生じないようにするための規定ですので、仮に、長が倒れて緊急入院し退職を決意したような場合に、その時点から30日後に退職が認められるというのでは、かえって行政に空白が生じてしまいますので、議会の同意があった場合には、30日を待たずにすぐにでも退職できることとされています。

(3) 長の解職請求が住民の直接請求で行われ、解職の是非を問う投票で過半数が解職に同意した場合（自治法81条～85条）

　これは、66頁以下で説明しました。

(4) 議会が**長の不信任議決**をした場合で、長が議会を解散しなかった場合又は解散、選挙後の初議会で再度不信任議決がなされた場合（自治法178条）

　議会が長の不信任議決を行うには、議員数の3分の2以上の者が出席し、その4分の3以上の同意が必要です。

　2/3 × 3/4 = 2/4 = 1/2 で絶対過半数となります。

　例えば議員数が30名の議会の場合

　　30名の3分の2以上の出席　　　　20名以上の出席

　　20名以上の4分の3以上の同意　　15名以上の同意

が必要となりますので、議員数30名のうち、出欠にかかわらず少なくとも15名以上が不信任に同意しなければ成立しないということで絶対過半数と言われています。

　この不信任議決がなされた場合

　①長が何もしないで10日経過→退職

　②長が10日以内に議会を解散→議会の議員の選挙

選挙後の初議会で、議員数の3分の2以上の者が出席し、その過半数が不信任に同意→退職

となります。

また、少し特殊なケースですが、長が提出した災害復旧関係の経費や感染症予防の経費を議会が削除又は減額した場合も、不信任議決がなされたとみなすことができると規定されています（自治法177条）。

この場合には、長が議会を解散することができるという点に意味があり、長にこの「伝家の宝刀」を与えることによって、仮に議会と長との間に政治的な軋轢があるときでも、災害復旧や感染症予防といった緊急に必要な経費を人質にとらないようにしたものです。

(5) このほか、長が被選挙権を失った場合（例えば、窃盗などの罪を犯して禁錮以上の刑になって刑務所に入ったような場合）や兼業を禁止されている会社の社長（その自治体から仕事を請け負っている建設会社の社長など）になった場合

この場合には、長は失職するとされています（自治法143条）。

自発的に辞めたのに、また立候補

自治体の長を自発的に辞職したのに、その辞職に伴って行われる新しい長の選挙に、辞めた長本人が再び立候補するという少し奇妙な話が現実に存在します。

かなり昔の話となりますが、知恵のある知事がいて、相手候補が体調の関係で冬に弱いことに目をつけて、任期満了となる4月を待たずに前年の12月に突然に自発的に辞任し、1月に行われる知事選挙に再度立候補するという当時としては誰も思いもしなかった離れ業を演じたのです。

相手候補は体調も優れず、年末、年始の忙しい時期の選挙だったため陣営も十分な選挙準備ができず、知事の大勝となりました。任期も選挙の1月から4年ということになったのです。

でも、こんな方法を許していれば、人気があるうちに選挙をしてみようと思う知事や市町村長が出てきて、自由に選挙の日や任期の起算日を

動かせることになり、好ましいことではないですよね。

そこで、公職選挙法を改正し、自発的に辞職した長が、その辞職に伴って行われる新しい長の選挙に、辞めた長本人が再び立候補して当選した場合は、もともとの任期の**残任期間**とするという規定が追加されました（公選法259条の2）。

もちろん、その人以外の候補者が当選した場合は、その選挙の日から4年の任期となります。

また、自発的でない辞任の場合、先に説明した（3）や（4）のように、長の意思に反して辞めさせられて選挙になった場合に、再び立候補して当選した場合は、その選挙の日から4年の任期となるのは言うまでもありません。

このように、公職選挙法を改正して、自発的に辞職した長が、その辞職に伴って行われる新しい長の選挙に、辞めた長本人が再び立候補して当選するメリットを封じ込めたのですが、不思議なことに、近年、このタイプの辞職、再当選の事例が相次いでいます。

議会での十分な信任がないため、改めて県民に信を問うとして辞職した知事の例（平成16年）、カラ残業やスーツの職員への支給など不祥事が発覚したため、住民の信を得たうえで不祥事を一掃したいとして辞職した市長の例（平成17年）、政治的求心力を取り戻し、大阪都構想実現にはずみをつけたいとして辞任した市長の例（平成26年）、収賄疑惑（後に無罪が確定）でいったん、辞職したものの、それによって行われる選挙に立候補しないと、無罪が確定しても、市政に復帰するためには4年間待たなければならないので、再度立候補した市長の例（平成26年）などがあります。

いずれも、辞職した知事と市長が再び当選し残任期間を務めることとなりました。

◢ 半月間に2回の町長選挙

平成22年3月に、町長の死亡といったアクシデントでもないのに、半月間に2回も町長選挙が行われるという珍しい例がありました。

当時の町長が、ごみ焼却場の使用期間延長問題に関して、住民の審判を仰ぐとして自主的に辞任し、それに伴って3月7日に行われた町長選挙に立候補し、僅差でしたが再選されました。しかし、新しい任期は、先に説明した長の任期特例により従来の3月25日でしたので、任期満了に伴う町長選挙が3月22日に行われることになり、再び町長と先の選挙の対立候補との一騎打ちとなりました。

　この選挙では、ごみ焼却場問題に加えて、半月間に二度も町長選挙を行うのは税金の無駄遣いではないかということが争点となり、結局、町長は敗れてしまいました。

　任期満了に伴う選挙は任期終了前30日以内に行えばよい（公職選挙法33条1項）ので、最初の3月7日でも任期満了による選挙を行うことができたのです。

　実際には、相手候補の不意を突くという選挙戦略的な意味合いのほか、選挙管理委員会の告示の変更などの手続きが必要なので、難しかったと思われますが、何か別の工夫ができなかったのかと思われます。

長の多選禁止

　戦後、最も長く知事を務めた例として8期30年（8期目の任期半ばで病気辞任したため32年となっていない。）という例がありました。5期以上の知事となると相当の数になります。市町村長となると10期以上という例も珍しい話ではありません。

　これらの知事や市町村長がそうだという訳では毛頭ないのですが、組織の一般論として長期政権になると、いわゆる取り巻きが増え、組織の風通しが悪くなる、特定の人に権力が集中するため、汚職が発生しやすくなるといった弊害が指摘されています。

　さらに、近年の地方分権の進展によって、自治体の長の権限や事務の範囲が拡大してきているため、多選の弊害もより強く意識されるようになってきました。

　そこで、自治体の長の中には自主的に多選を禁止しようとする動きが出てきて、長の**多選禁止**の条例を制定する自治体も現れてきました。

もっとも、長の多選禁止の条例については、①果たして条例で定めることができるのか、②将来の長の自由を縛ることが妥当かなど法制的な観点から根源的な疑問が出されています。
　そこで、こうした批判を回避するため、将来の長には条例の効果を及ぼさない（条例の効果を条例の公布の日に長の職にある者に限る。）とする条例を制定する自治体も出てきています。

▰ 自治体の長は首長制

　自治体の長は、住民からの直接選挙で選出されるため、**首長制**と呼ばれます。
　テレビなどでおなじみのアメリカの大統領選挙と似ているため、大統領制といわれることもあります。もっとも、アメリカの大統領は法律案の提出権がありません（自治体の長は後で説明するように条例案の提出権があり、実際の運用も長の提出する条例案が多数を占めています。）ので、厳密に言えば、少し違います。
　ちなみに、首相は国会の議員の中から、議員によって選出されるので、**議院内閣制**と呼ばれています。この場合は国民に選ばれた議員によって選出されるので、国民から見れば間接的に選出されることになります。
　従って、国民に人気はなくても、議員に人気があれば、首相に選出されるという事態もあり得る訳で、実際に、こんな事例も随分とあったのです。
　自治体の長が住民から直接選挙で選出され、また、103頁以下で説明するように議会の議員も住民から直接選挙で選出されます。同じところにパワーの基礎を有しているため、長と議会の意見が対立した場合には、この両者で調整することが不可能ですので、住民の意思に戻って聞くか第三者的な機関が調整するという方法が採られています。この点については120頁以下で説明します。

3　長の仕事の補助

ここがポイント

　自治体の長の仕事を補助するため、長と同様に特別職の公務員とされる副知事がおり、また、会計管理者など多数の一般職の公務員がいます。一般職の公務員には、秘密を守る義務、職務に専念する義務や政治的行為の制限、職員団体活動の制限が課される一方で、安心して公務に専念できるように一定の身分保障がされています。

◾️ 長の仕事を長に代わって行うことも

　長が自治体を代表していますので、次に説明する行政委員会の事務を除いて自治体の仕事は、原則として長の名前で行われます。

　とはいっても、自治体の膨大な量の仕事を長1人で行うことは不可能です。そこで、地方自治法は**補助機関**として、長を補佐するスタッフと組織を用意しています（自治法161条〜175条）。

　まず、知事、市町村長、区長に最も近い存在として都道府県には**副知事**、市町村及び特別区には**副市長、副町長、副村長、副区長**が置かれます。彼らはときには、長の立場に立って事務の整理をしたり、ときには、長の代役としていろいろな場所で挨拶したりしています。

　さらに、平成18年の地方自治法の改正により、一部の事務については長から委任を受けて自ら行える（例えば、副知事名や副市長名で）ことが明確化されました。

　副知事や副市長などは、いわば長の分身としての仕事をしていることから、勤務の実態も長に近く、勤務時間の定めがなく、時間外勤務手当がないことは長と同様です。

　また、いわば長の分身ですので、長が副知事や副市長などを選任するためには、議会の同意が必要とされ、また、退職もすぐに行うことができず、20日前の申し出が必要とされています（自治法162条、165条）。

　副知事、副市長などは長と同様に特別職と位置づけられています。

　次に、自治体の会計事務を行うために、一般職の**会計管理者**が置かれ

◼ ときには職務代理者として長の職務も

　自治体の長は、たくさんの重要な仕事をしていますので、長が死亡したり、辞職したりした場合には、できるだけ速やかに後任の長が選ばれる必要があります。そのため、公職選挙法は死亡又は辞職の日から50日以内に選挙をしなければならないと定めています（公選法34条）。

　それでも、選挙が行われて次の長が業務を始めるまでの間には空白が生じます。

　また、長が長期の海外出張をしている間も自治体の業務を統括できない期間が生じます。

　そこで、このような空白の期間、副知事や副市長などが長に代わって長の職務を行います。彼らは**職務代理者**と呼ばれます。

　副知事や副市長などが2名以上いる場合は、①長があらかじめ定めた順番で、②席次の上下で、③年齢の多少で職務代理者となります（自治法152条）。

　席次の上下のない事例はほとんどないと思われますので、③年齢の多少までいくことはまずないと思われますが、地方自治法で年長者優先と規定している数少ない面白い例です。

◼ 一般職の職員

　先に説明した特別職のほかに、多くの一般職の職員がいます。この一般職の職員は、いわゆる縁故採用ではなく、客観的な評価、成績によって採用されます（**メリットシステム**）。

　特別職と異なり勤務時間（一般的には午前8時30分から午後5時30分までが多いです。）があり、従って勤務時間外に仕事を行った場合には時間外勤務手当が支払われます。

　その勤務時間中にほかの仕事をしたりしてはならず、その執行に専ら当たらなければならないとされています（**職務専念義務**）。

　職務は、住民全体の奉仕者として、法令及び上司の職務上の命令に

従って行われなければなりません。

　また、海外からのニュース番組で、公務員のストにより空港が閉鎖されたり、鉄道やバスが止まったり、ごみが収集されずに町中にゴミの山ができたといった話を聞いたことがあると思いますが、わが国ではこのような事態が生じないようにスト行為の禁止など職員団体活動に一定の制限が課せられています。

　さらに、公務の中立性を担保するために、一定の政治的行為が禁止されています。

　また、公務員の職務の中には、例えば個人の資産の状況に触れる地方税の仕事、個人の病歴や健康状態を知り得る保健衛生に関する仕事など住民のプライバシーに関係する仕事もたくさんあります。そこで職務上知り得た秘密を漏らしてはならない（**秘密を守る義務**）とされています。

　このように一般職の職員には一定の義務が課せられたり、一定の行為が制約されている一方で、安心して公務に専念できるように、身分保障がされており、心身の故障により職務に耐えることができないといった場合の**分限処分**（降任、免職、休職、降給）及び飲酒運転ひき逃げ事故などの非行行為があった場合の**懲戒処分**（戒告、減給、停職、免職）以外には、その意に反して降給、免職などの不利益処分を受けることはないとされています。

　また、給与（給料と通勤手当や超過勤務手当などの諸手当とを合わせたものを給与と言います。記号を使うと、給与＝給料＋諸手当となります。）についても、後で説明する中立的な人事機関の人事委員会の勧告をもとに、地域の民間企業の給与、他の自治体職員の給与、国家公務員の給与と均衡を失しないように均衡の原則を勘案した給与が支給されます。このように一定の給与がきちんと支払われることは、汚職防止の観点からも大切なことです。

　さらに、職員の免職などの不利益処分などに対しては人事委員会、公平委員会での救済が図られるしくみとなっています。

　このような一般職の公務員の権利、義務については、地方公務員法に

規定されています。

なお、長や委員などの特別職の公務員の権利義務については、地方自治法などに規定されています。

◢ 法令と上司の命令が食い違ったとき

先に説明したように、職員は、「その職務を遂行するに当つて、法令、条例……に従い、且つ、上司の職務上の命令に忠実に従わなければならない。」（地方公務員法32条）とされています。

現代の行政が「法律による行政」と言われるように、法令、条例などに従うのは当然のことですね。

また、仕事に関して、上司の職務上の命令（これを**職務命令**と言います。）に従うのも、一体的、効率的な行政のために必要なことです。例えば、火災現場で消防職員が上司の命令に従わずに、てんでばらばらに消火活動を行った場合に、効率的な消火ができるかどうか想像してみてください。

法令と上司の命令が一致しているときは問題ありませんが、この2つが食い違ったときに問題が生じます。

現在の通説は、上司の命令に重大かつ明白な法令違反がある場合には、その職務命令に従わなくてもよいというものです。

例えば、選挙の際に現職の長の選挙運動をするように命令（公職選挙法で禁止されている職員の地位利用による選挙運動をするように命令）されたような場合、重大かつ明白に公職選挙法に違反していますので、その命令に従う必要はありません。

ちなみに、先に説明したように、公務の中立性の確保のため、公務員は選挙運動を含め一定の政治活動が禁止されています。

一方で、公務員といえども、1人の国民として憲法で認められた思想信条の自由、表現の自由を有しています。

そこで、公職選挙法では公務員としての地位を悪用した選挙運動は禁止し、1人の国民、住民としての選挙運動は認めるという割り切り方をしています。

従って、先に挙げた例でも、現職の長が立派な人格者で長にふさわしいと個人的に考える時は、選挙運動期間中にたまたま道であった友人などに投票依頼することは何ら問題ないと解されています（法律上**「個々面接」**と呼ばれています。）。

君が代起立の職務命令

上司の職務命令の適法性に関して、公立学校の卒業式などの公式行事の際に、君が代を起立して斉唱するようにという校長の職務命令が、憲法19条の思想・良心の自由に違反するか否かが争われた事例（まとめて**「君が代起立訴訟」**と言われています。）があります。

最高裁は相次いで、校長の職務命令は合憲であるとの判決を下しています。

(1) 公立小学校の入学式で、音楽専科教諭が、校長の職務命令に従わず、君が代のピアノ伴奏をしなかったとして懲戒処分を受けた事例（最小判平成19年2月27日）
(2) 公立学校の卒業式で、校長の職務命令に従わず、斉唱起立しなかった教諭が退職後の再就職を拒否された事例（最小判平成23年5月30日）
(3) 公立学校の卒業式で、君が代斉唱時に起立せずに着席するようにと生徒に呼びかけた教諭が威力業務妨害罪に問われた事例（最小判平成23年7月7日）

また、大阪府で、平成23年「君が代起立条例（正式の題名は、「大阪府の施設における国旗の掲揚及び教職員による国歌の斉唱に関する条例」です。）」が制定されました。この条例は校長などの職務命令に条例上の根拠を与えるものとなっていますが、一方で、もともとの「国旗及び国歌に関する法律」に起立して斉唱しなければならないといった義務規定がない（起立しなくていいというのではなく、国民の自然の感情として自主的に起立するということを前提としている。）のに、条例で義務として規制するのは行きすぎではないかという見解もあります。

効率的な組織とするために

　長をトップとする自治体の組織は、長などの特別職の公務員と一般職の公務員とで構成されていますが、最も効率的に公務を行うためにはどんな組織が望ましいでしょうか。

　これについては、地方自治法138条の3が、次の3つの原則を規定しています。

(1) **明確性の原則**──担当の事務の範囲を明確にして、事務のダブりがあったり、漏れがないように系統的に構成しなければならないという原則

(2) **一体性の原則**──自治体の長の所轄のもとに、一体として行政機能を発揮するようにしなければならないという原則

(3) **総合性の原則**──各機関の間にその権限について疑義を生じた場合は、自治体の長が総合性を発揮して調整に努めなければならないという原則

　この原則に基づいて、具体の組織（本庁の部局や地方の出先事務所など）は条例で定めることとされています（自治法155条、158条）。これによって仕事とそれを担当する部課が明確になり、責任と権限が分かりやすくなるからです。

　最近は自治体のホームページで組織図や担当の仕事などを分かりやすく説明しているところが増えてきていますので、チェックしてみましょう（34頁参照）。

 ちょっとひと休み

18歳高校生市長

2005年、アメリカのミシガン州ヒルズデール市で18歳の高校生市長が誕生しました。

ちなみに、日本の場合は市町村長の被選挙権が25歳以上ですから、マイケル・セッションズ君のような18歳高校生市長が誕生する可能性はありません。

	選挙権	被選挙権	飲酒可能	自動車運転
日本	18歳以上	25歳以上	20歳以上	18歳以上
アメリカ	18歳以上	18歳以上	21歳以上	16歳以上

（2州は19歳以上）

飲酒できる年齢よりも、市長の被選挙権の年齢の方が低いというのも面白いですね。

4　執行機関の多元主義

ここがポイント

　自治体には長のほか、行政の中立性、公平性の確保の観点から選挙管理委員会、人事委員会、教育委員会、公安委員会などの行政委員会が置かれています。行政委員会は自らの権限と名前で行動できるため、長と同様に自治体の執行機関と呼ばれています。
　ただし、行政委員会の予算調整や議案を議会に提出する権限は長が持っています。
　また、自治体の財務などをチェックするために、監査委員が置かれています。

行政委員会の役目

　自治体の仕事の中には、長の組織とは別に中立性や公平性が求められる仕事があります。

　例えば、選挙の事務などがそれで、選挙で選ばれる長が選挙の執行まで行っていては、ちょうどゲームを戦っている選手が審判まで務めているようなもので、選挙の公平性に疑いが持たれますよね。

　そこで、地方自治法は、長の組織とは別に中立的、第三者的な**選挙管理委員会**を設け、その選挙管理委員会に選挙の執行を任せることとしています。

　同様に政治的に中立性が求められる教育や警察の仕事については、**教育委員会、公安委員会**が行っていますし、先に説明した一般職の公務員の採用試験や給与の勧告、不利益処分の裁決などを行う**人事委員会や公平委員会**があります。

　これらの委員会は、法律上**行政委員会**と総称されています。

　また、自治体の仕事に無駄遣いがなかったかどうかをチェックするのも、第三者的な機関の方がいいですよね。この仕事をしているのが、**監査委員**です。

　以上の委員会や委員は、自分自身の名前と権限に基づいて自治体の仕事ができるという点に特徴があります。選挙管理委員会が選挙の当選者

に選挙管理委員長名で当選証書を交付したり、教育委員会委員長名で青少年に害のある有害図書の指定をするといった具合です。

以上の委員会のほか、労働委員会や収用委員会などが地方自治法180条の5に行政委員会として規定されています。

このように、自治体の長のほか、多くの行政委員会が自分の権限と名前で自治体の仕事を行っていますが、これを**執行機関多元主義**と言います。

なお、地方自治法180条の5に規定されている行政委員会以外の委員会を執行機関として設置することはできません。というのは、行政委員会は自分の名前と権限で自治体の事務を執行できる**執行機関**ですので、そんな行政委員会の設置をむやみに認めると混乱が生じるからです。これを**行政委員会法定主義**といいます。

地方自治法180条の5に規定されている行政委員会以外にも、自治体には審査会、審議会、調査会などがありますが、これらはいずれも条例によって設置されるもので**付属機関**と呼ばれています。これらは、行政委員会と異なり自らの名前で行動することができず、自治体の仕事に関連する審査、審議などを行っています。

また、これ以外にも、自治体には検討委員会や研究委員会、調査会など法律又は条例に基づかないものがありますが、これらは長などの私的な相談にあずかるもので、外部に対する行為がないものです。

どんな人が委員をしているのか

自治体の長は選挙で選出されますので、そこに正統性の源がありますが、執行機関の一部として住民の権利や義務に関連する行為を行うことができる行政委員会の委員の正統性はどこに由来するのでしょうか。

まず、委員の資質として、人格が高潔（お金やモノに卑しくなく、お金やモノで動かされない。）で、公正な識見（選挙管理委員会委員）や優れた識見（監査委員）を有することが必要とされます。

さらに、議会での選挙（選挙管理委員会委員）や議会の同意（監査委員）が必要とされ、議会が関与することで正統性が生まれるのです。

筆者自身が実際に一緒に仕事をした選挙管理委員会の委員長は高名な弁護士でしたが、人格、識見ともに優れた尊敬できる人でした。

予算の調整は長が行う

行政委員会は執行機関の1つですが、自治体の長と異なり、地方税を賦課徴収（集める）する権限がないなど基本的には自前の収入源がありません。また、142頁以下で説明しますが、予算の一体性確保の観点から、行政委員会の予算についても、自治体の長が一元的に調整し、予算案を作成することとされています。

行政委員会の中には、公安委員会の警察本部、教育委員会の教育委員会事務局など恒常的に事務があり、しっかりした事務局があるものがありますが、選挙管理委員会のように恒常的には仕事があまりなく、選挙のときなど一時的に事務が増えるものもあります。そこで、地方自治法180条の7は、普段は他の仕事をしている職員に補助執行つまり事務の手伝いをさせることができると定めています。

また、行政委員会に係る議案の議会への提出権も長が有しています。

予算の調整権、議案の提出権を長が有し、事務の補助執行を長の職員が行うことなどによって、執行機関の多元主義のもとでも、バラバラ行政にならず一体的な統一の取れた行政になるように配慮されているのです。

教育委員会制度の改革

行政委員会制度は、非常勤で特別職の委員（弁護士、地域の企業の会長、地元大学の学長などが多い。）から構成される委員会が、高い識見と幅広い視野から、事務局の職員（常勤で一般職の職員、知事部局や市長部局などから派遣されます。）を指揮し、管理して日々の行政を執行しています。

近年、いじめによる自殺、不登校問題、学力低下など教育現場で、いろいろな問題が生じてきており、教育行政の改善が強く望まれるようになってきました。

行政委員会の組織

行政委員会	公安委員会	人事委員会	教育委員会
長	委員長	委員長	委員長
事務局	警察本部（都は警視庁） 本部長（都は警視総監）	事務局 事務局長	事務局 教育長

教育委員会は従来の組織を記載しています。

特に、いじめによる自殺や学校教員の不祥事が発生した場合の教育委員長の対応が問題視されるようになりました。非常勤なので現場を熟知しておらず、問題意識や危機意識が希薄であるというものでした。また、自治体の長の中には、教育委員会が教育行政の中立性を盾に独立性が強すぎて、選挙で選ばれた（民意を背景にした）長や議会の意向が反映されにくいと批判する者もいました。

そこで、平成26年「地方教育行政の組織及び運営に関する法律」が改正され、教育委員長と教育長を一本化することとされ、任期満了等を契機に順次切り換えが進んでいます。

この新教育長は、自治体の長が議会の同意のもとに選任するもので、特別職ですが、常勤で勤務時間中の職務専念義務も課されることとなりました。

常勤であるため、教育行政に専念できるようになり、さらに、選任に、長や議会の意向が働くことになりました。

加えて、長と教育委員会との意思疎通を図るため、各自治体に総合教育会議を設けることとされました。

この新制度は、まだ緒についたばかりですが、教育行政の一体的な推進や事件が起こった場合の迅速な対応などが期待されます。

監査委員

これまで説明した委員会は、合議をもとに委員長名で外部に対して業務を行っていますので、**合議制機関**と呼ばれています。

合議制機関とは別に、原則として単独で業務を行う執行機関がありま

す。それが、これから説明する監査委員で、それぞれの委員が原則として単独で業務を行っています。

監査委員の定数は、自治体の区分に応じて2～4人と定められていますが条例で増員することができるようになりました（自治法195条）。

委員は、長が議会の同意を得て人格高潔で監査業務に関して優れた識見を有する者を選任します。ここまでは、他の委員会委員と同様ですが、①その自治体のOB職員は1人以下と限定されていること、また、②議員の中から議会で選出される委員は1人以下（定数が4人の場合は2人以下）とされていることが特徴的です（自治法196条）。

監査委員の業務は、自治体の財務の執行や事業の管理が適正に、かつ、効率的に行われているかどうかについてチェックし、その結果を関係機関に報告し、公表することです。必要な場合、報告に添えて事務の合理化のための意見を提出することができます。

この財務関連の業務がメインの業務で、年1回の決算監査や会計事務を中心にチェックする月例監査などの定期監査のほか、必要に応じて随時監査を行っています。

また、70頁で説明したように住民監査請求への対応などの仕事もしています（自治法242条）。

さらに、財務以外の自治体の事務（法定受託事務のうち国の安全を害するおそれがある事務などは対象外です。）の執行についても、必要がある場合には監査することができます。

監査委員の役割は、自治体の健全な運営に常に眼を光らせているホームドクター（かかりつけの医者）のような存在ですが、時には外部の専門医の眼からもチェックしてもらう必要が生じます。そこで平成9年の地方自治法の改正により、外部監査制度が導入されました。この外部監査については165頁以下で説明します。

5章 誰が眼を光らせているのか──議事機関

1　議会の役割とその位置づけ

ここがポイント

　議会は、長をはじめとする自治体の執行機関の活動のうち重要なポイントについてチェックしています。議会がチェックして否決した案件については執行することができません。また、条例の制定も議会の大きな仕事の1つです。
　議会は憲法上の必置機関ですが、議会に代えて町村総会を置くことも認められています。

チェックするのが重要な役目

　前章で述べたように自治体の長は、自治体を統轄し、代表していますので、その業務の範囲も広く、幅広い権限が認められています。
　「権力は腐敗する。絶対的な権力は絶対的に腐敗する。」という政治学の格言がありますが、長の権限が適正に行使されているかどうかをチェックする機関が必要となります。それが議会の1つの、そして大きな役割です。
　そこで、地方自治法96条1項は、長の権限のうち次のようなものを**議会の議決**の対象と規定しています。

長（地方自治法149条）	議会（地方自治法96条）
(1) 重要な長の権限	
第2号　予算の調整、執行	第2号　予算を定めること
第4号　決算を議会に	第3号　決算の認定
第3号　地方税の賦課徴収など	第4号　地方税の賦課徴収など
(2) 長の権限のうち重要なもの	
＊　　契約の締結	第5号　一定基準以上の契約の締結
第6号　財産の取得、管理、処分	第6号　財産の交換、無償譲渡
	第7号　不動産の信託
	第8号　一定基準以上の財産の取得、処分
第7号　公の施設の設置、管理等	第11号　公の施設の長期、独占的利用
(3) 自治体に損害を与えるかもしれないもの	
＊　　寄附・贈与の採納	第9号　負担付きの寄附、贈与
＊　　権利の放棄	第10号　権利の放棄

＊は、個別に規定されてはいませんが、包括的に長の権限とされている事項です。

　長の権限は包括的で、地方自治法149条に例示されている業務以外の業務も行うことができることは前章で説明しましたが、議会の議決事項は限定的で地方自治法96条1項に規定されていること以外の事項を勝手には議決事項とすることはできません。これを、**制限的列挙**と言います。

　長の権限が包括的で、議会の議決事項がそのうちの重要なポイントに限られているというのは、長は常に存在しています（欠けた場合や海外出張中など長としての権限を行使できないときは、職務代理者が置かれることについては90頁参照）が、議会は常には開会されていないということとも符合しています。

　上記の議決事項のほか、地方自治法96条は、議会の重要な議決事項として「条例を設け又は改廃すること」（1項1号）を挙げています。いわゆる自治体のルールである条例を作ったり、改めたり、廃止したりすることに議会の議決を必要とするとしているのです。この条例については、7章（168頁以下）で詳しく説明します。

また市町村合併特例法など個別の法律で議決事項とされているものもあります（1項15号）。

▍議決事項の追加も可能

議会の議決事項は、制限的に列挙されており、勝手に追加することはできないのですが、例外が定められていて、
(1) 自治事務については、条例で
(2) 法定受託事務については、国の安全に関する事項など政令で定めるものを除いて、条例で
議会の議決事項を追加することができるとされています（自治法96条2項）。

総合計画など重要な計画の策定、憲章の策定、姉妹都市の締結などの例です。

このように、議決事項が増えてくると、制限的列挙という言い方では、議決事項全般を狭めているようなニュアンス（マイナスのイメージ）となりますので、地方自治法96条1項各号の議決事項を**必要的議決事項**と呼ぶ学者もいます。

もっとも、議会の議決事項を条例で追加する場合でも、長と議会との役割分担や性質の違いを踏まえ、合理的な範囲とすることが望ましいと考えられます。

▍チェックできるパワーの源は

議会が自治体の執行機関の活動をチェックできる根拠は、議会の議員が住民の直接選挙で選ばれており、住民の意思を代表しているという点です。

議会の議決の種類は、可決、修正可決、否決などですが、いずれにしても、原則としてその意思に縛られます。

従って、議会が否決した場合には、長はその案件について執行することはできず、仮に執行したとしても、無効となります。

もっとも、非常に重大な案件で議会が否決した場合に長が困るときも

ありますので、その際の対応についても地方自治法はちゃんと用意しています。それについては、120頁以下で説明します。

議会は必ず置かなければならないのか

先に述べたように、議会は長のバランスパワーとして重要な役割を果たしており、長とともに自治体の車の両輪と言われています。

このため、議会は憲法上でも「**議事機関として議会を設置する。**」と明確に規定（憲法93条1項）されており、いわゆる憲法上の**必置機関**とされています。従って、もし仮に地方自治法で普通地方公共団体に議会を置かないといった規定をすると、憲法違反ということになります。さらに、その選挙は住民の直接選挙によるとされています（憲法93条2項）。

ところが、面白いことに自治体の長については、憲法93条2項に選挙は「住民が、直接これを選挙する。」とのみ規定するだけで、設置については一切触れていないのです。

	設置	選挙
議　会	憲法上の必置機関	住民の直接選挙
長	憲法は言及せず	置くとすれば、住民の直接選挙

また、町村に限っては、必置機関とされている議会に代えて「条例で……選挙権を有する者の総会を設けることができる。」（自治法94条）とされており、**町村総会**と呼ばれています。

実際に、人口61人の八丈小島の宇津木村で町村総会が置かれていた実例がありましたが、その後合併により人口が増加したので、議会となりました。

この地方自治法94条は、一見議会を必置機関としている憲法に違反しているように見えますが、住民自治の原則からは有権者全員で議論する町村総会の方が議会より望ましいと考えられ、憲法違反に当たらないと解されています。

ちなみに、現在人口最少の村は人口165人の青ヶ島村で、その議員数は6人です。

2　議員の数はどのように決まり、どう選出されるのか

ここがポイント

　議会の議員数は条例で定めることとされています。その際には、自治体の人口、面積、似たような規模の自治体の議員数、議会の運営に必要な数、地域代表としての必要数などが考慮されます。
　また、議員の被選挙権は年齢25歳以上の日本国民で、その自治体に引き続き3ヶ月以上住所を有する者です。任期は4年で、その間は安心して議会活動に専心できるように一定の身分保障がなされています。

議員の定数はどのように決まるのか

　近年、議会改革の一環として、議員の減数条例や議員報酬の減額条例が話題となっています。
　議員の定数や議員の報酬はどのように決められるのでしょうか。
　従来、議員定数は、地方自治法で人口に応じて定められた上限数の範囲内で、条例で定めることとされていました。実際には、上限いっぱい又は上限から1割程度減少した数の議員定数を定めるのが、一般的でした。
　その後、平成の大合併に伴い、合併した自治体では合併特例により議員数が多くなりすぎて、世論の批判を浴び、大幅に定数を減らす事例が生じ、また、合併しなかった自治体でも行財政改革の観点から大幅に定数を減らす事例が見られるようになってきました。このように、議員定数を上限より大幅に減少させる自治体が増えてくると上限の意味が薄れますね。例えば、門限を12時までと決めているのに、皆が8時頃までに帰ってくるようになると、門限の意義が薄れるのと同様です。
　さらに、上限とは言え議員数を法律で定めることが地方分権の観点から望ましくないことは言うまでもありません。そこで、平成23年の地方自治法の改正により、上限数の規定が撤廃されました。
　上限が撤廃されたため、定数を増加させることも理論的には可能ですが、現実は、名古屋市や大阪府のように、減数条例を制定するのが一般

的な流れとなっています。

◤ 議員数の下限はいくらか

　逆に、議員数を減らしていったとして、一体いくらまでが限度でしょうか。1人にまで減らしてしまえば最早合議制機関としての意味がなくなってしまいます。2人の場合は意見が対立した場合にそれを調整する手段がなくなってしまいます。
　そこで、3人が理論上の最下限の議員数と言われています。
　実際には、病気などで出席できない場合のことや議員の地域代表という性格等を勘案して、最も少ない自治体で、6人程度（1村のみですが、5人）の議員数となっています。

◤ 議員の報酬は多すぎるか

　一般職の公務員には、給与が支払われますが、議員には、報酬が支払われます（自治法203条）。この報酬の額は学識経験を有する委員で構成される報酬等審議会の答申を得て、条例で定めることとされています。
　最近、この議員報酬を引き下げる条例を制定する自治体が出てきています。実際に議会に出席する日が年間数十日で、その日数に比して報酬が多すぎるというのが、その理由です。自治体の中には、実際に議会に出席した日に必要とされる経費、これを日当といいますが、これを報酬に代えて支払うところも出てきました。報酬から日当に代わったことによって、年間の支払額が3分の1になったそうです。
　議員の活動は、何も議会に出席して質問したりするだけでなく、議会が開催されていない日にも日常活動として地域住民の声を聞いたり、自治体の事業に協力するように地元住民に説明したりする仕事もあるのに……と少しかわいそうな気もしますね。
　前に説明したように、議員の報酬、日当などの額は条例で定めることとされているため、この自治体の場合は、議会が自治体の行財政改革に協力して議員に係る経費を節約しようと自主的に条例改正をしているので、かわいそうと言うよりは、頑張っていると言うべきかもしれません

ね。

　いずれにしても、議員の仕事は目に見えにくいということもあって、仕事の割に議員が多すぎるとか、報酬が多すぎるといった風に見られがちです。

　そこで、最近は、議員の議会における質問の模様や、地域における活動実態などを具体的にPRし、住民の理解を得るように努める議会が増加しています。

◪ どんな人が立候補できるか

　議員選挙に立候補できる資格（これを**議員の被選挙権**と言います。）は25歳以上の日本国民でその市町村に引き続き3ヶ月以上住所を有する者です。

　また、特別なケースですが、先の選挙で選挙違反の罪で5年間、違反があった選挙区での選挙権被選挙権の行使を停止（これを古い表現ですが「**公民権停止**」と呼びます。）されているなど一定の消極的要件に該当する場合には立候補できません。

　選挙権に関しては永住者等一定の外国人にも与えてはどうかという議論がありましたが、被選挙権については、現在までのところ議論になっていません。

　ここで若干専門的になりますが、選挙の種類及び議員が選出される対象となる区域である選挙区について説明します。

　任期満了や議会の解散に伴って全議員が選挙される選挙を**一般選挙**と言い、特定の議員の死亡、辞任などに伴い一部の選挙区でのみ行われる選挙を**補欠選挙**と言います。

　選挙は、市町村の全域を1つの選挙区とし、議員全員がその1つの選挙区に立候補するものと、選挙区を分かち、その選挙区ごとに立候補するものとの2種類があります。

　政令指定都市は行政区ごと、東京都は特別区ごとに選挙区が分けられ、道府県は市部や郡部などを目安に選挙区が分けられています。

身分保障

議員の任期は4年間ですが、その間は安心して議員活動に専心できるように、次の場合を除いてはその身分が保障されています。
(1) 議員本人の死亡、自発的な辞職など本人の意思による場合
(2) 住民の直接請求により、議会の解散や議員の辞職が認められた場合
　　この直接請求については66頁以下を参照して下さい。
(3) 「地方公共団体の議会の解散に関する特例法」（以下「解散特例法」とします。）の規定に基づき議会が自主的に解散する場合
(4) 長が議会を解散した場合

議会が自らの意思で、しかも一般議決と同様に過半数の賛成で解散することができるかどうかについては、いろいろ議論があったところです。

自らの身分に関することなので、特別の規定がなくても単純過半数で解散を決めても議会の自主性、自立性の観点から問題はないという意見に対し、単純過半数だと議会の多数派が政治的思惑でいつでも都合の良いときに議会を解散できることになり、議会の安定性が損なわれる、少数派・少数意見の圧迫に繋がるなどの意見もありました。

実際に、昭和39年の東京オリンピックをひかえ公共事業で沸き立つ東京都で議会を巻き込んだ黒い霧事件が発生しました。黒い霧とは無関係の議員もおり、議会としては解散し、選挙によっていわゆる禊を済ませたいといった雰囲気で、都民も解散選挙を望んでいました。

そこで、国会で特例法を制定し、「議員数の4分の3以上の者が出席し、その5分の4以上の者の同意」の特別多数で議会を解散することができることとされました（解散特例法2条）。

3/4以上×4/5以上＝3/5以上で、少なくとも全議員の60％以上の意思が必要として制度上構成されています。

ちなみに、解散特例法1条は、「世論の動向にかんがみ」と規定し、住民が選挙で選んだ議員が4年間の信託期間の前に辞職する解散を議決するには、議会の数の論理による議決だけでは足らず住民の納得が必要としています。

3　議会はどのように運営されているか

ここがポイント

> 議会は年4回程度の定例会と随時必要に応じて開催される臨時会があり、議事は原則として公開です。議会審議は委員会を中心に行われ、効率的で公正な審議のために一事不再議の原則などに基づいて運営されています。
> また、議会は、地方自治法100条の規定に基づく強力な調査権を有しています。議会内での秩序維持は議会が自主的、自立的に行うこととされています。

まず、議会を傍聴してみよう

　自治体の議会は、年4回程度の**定例会**（2月、6月、9月、12月）のほか、随時必要に応じて**臨時会**が開催されます。この4回の定例会のうち、次年度（会計年度は4月に始まり翌年の3月に終了します。）の予算を審議する2月議会（2月下旬に開会されるため2月議会と言っていますが、3月下旬まで開会されています。）が最も長く、かつ、重要とされています。

　なお4回の定例会は従来法律で4回以下と規定されていましたが、現在は、法律では回数を定めず、条例で定めることとされています（自治法102条）。

　実際には、従来と同様に年4回の定例会と定めるのが一般的です。

　また、平成24年の地方自治法改正により、条例で、定例会・臨時会の区分を設けず、「通年の会期（例えば4月1日～翌年3月31日）」とすることができるようになりました。

　この場合は、会議を開く定例日を条例で定めることとされています。

　なお、「通年の会期」のメリットは、何か事件が起きた場合に議会が迅速に対応できるという点と長の専決処分を阻止できるという点です。

　議会は原則として公開（自治法115条、ただし、出席議員の3分の2以上で議決した場合は**秘密会**を開くことができる。）とされていますので、時間を見つけて議会がどんなことをしているか覗いて（これを**傍聴**と言います。）みましょう。

特に、近年は首都圏のいわゆるベッドタウンの自治体を中心に夜の議会、土日や祝日の議会を開くところも増えてきています。

　ベッドタウンの住民は、古くからその自治体に住んでいたわけでなく、勤務先の会社などの通勤に便利という理由で、その自治体に居住している者が多く、概して自治体の行政に無関心でした。そこで、そのような住民に自治体行政に関心を持ってもらうように夜の議会、土日や祝日の議会が開かれるようになったのです。もっとも、当初期待されていたほどには新住民の傍聴がなく、労力の割に効果が薄いので最近は下火になっているようです。

　逆に、最近はITの発展に伴い、議会のホームページに議会での質疑を掲載したり、ケーブルテレビで本会議や委員会の模様を放映したりする自治体が増えています。

　また、議会の議事録についても、従来からの紙の議事録のほか、CD-ROMなどの電磁的記録もあります（自治法123条）ので、昔の議会の様子についても簡便に知ることができるようになっています。

　こうした媒体を通じて議会の模様を知る事も大切ですが、「百聞は一見にしかず」で、機会があれば、一度傍聴してみてはいかがでしょうか。

　議会の開会の日時や傍聴の仕方などもホームページで公開されていますので、短時間でも傍聴してみましょう。

委員会中心主義

　議会の審議は全員で行う本会議で行われるのが基本でしたが、自治体の行政が専門化、多様化し、議会で審議しなければならない事項が多くなると、とてもすべての議事を本会議で審議することは、時間的に不可能となってしまったのです。

　そこで、委員会を設置し、議員を分けて、それぞれの委員会に所属させてそこで審議することとされました。

　なお、委員会には、次の2つのものがあります。

①総務委員会、農林水産委員会、経済産業委員会、福祉環境委員会など自治体の事業の区分に応じて常に設置されている**常任委員会**

②災害対策特別委員会や選挙区確定委員会など特別に必要な際に設置される**特別委員会**

委員会で審議されることにより、少人数でより突っ込んだ議論が交わされたり、より専門的な議論が行われるようになるとともに、審議の効率化（例えば、4つの委員会が同時進行で開催されている場合は、本会議だけで審議する場合の4倍の速度になります。）が図られることとなりました。

なお議員は、1つの常任委員会に限り所属することができるとされていましたが、平成18年の地方自治法の改正により複数の常任委員会に所属することができるようになり、より柔軟な議会運営ができるようになりました。

もっとも、委員会の審議や採決はそれだけでは議会の意思決定とはならず、その審議の経過及び可決、否決の結論が理由とともに本会議に報告され、本会議で議決されることによって初めて議会の正式の意思となります。

また、このように多くの委員会が同時並行的に開催されていると、そのスケジュールを調整したり、本会議への上程日程を調整したりするため、議会の各党、各会派で話し合う必要が生じます。この話し合いを行うために**議会運営委員会**という横断的な委員会が設置されています。

公平で効率的な議会運営のために

最近、地方分権の進展に伴い、条例の増加や平成15年に新設された指定管理者に関連する議案など議会が審議、議決しなければならない案件が増えています。

また、一方で情報公開条例など公正でオープンな行政への要求も強くなってきています。

そこで、公正で効率的な議会運営が従来にも増して求められるようになってきていますので、先に説明した委員会制度のほか、議会運営に関連して次のような原則が認められています。

(1) **議事公開の原則**——議会の会議は公開で行うという原則（自治法

115条）

　ただし、議案によっては、プライバシー保護の観点や行政の円滑な執行の観点から公開すると困るものもありますので、出席議員の3分の2以上の多数の議決で秘密会にできるとされています。

(2) **会期不継続の原則**──会期中に議決に至らなかった事案は次の会期に継続しないという原則（自治法119条）

　例えば、条例案が会期中に議決に至らなかった場合は審理未了廃案で、次の会期に改めて提案し、またゼロから審議のプロセスを踏んでいかなければなりません。

　ただし、この原則だけだと事案によっては非効率すぎる場合があるので、議会の議決により、閉会中も委員会で継続審査できるという例外が認められています。

　この場合は、積み上げた段階から次の会期で審議が開始されることになります。

(3) **一事不再議の原則**──同一の会期中には一度可決又は否決された事案を持ち出さないという原則（条理に基づく慣習法）

　同じ問題を何度も蒸し返すような非効率な議会運営を行わないということです。

　ただし、この原則は、条理に基づく慣習法にすぎませんので120頁以下で説明する「長の再議」の請求があった場合や事情が変わったような場合には、例外が認められます。

強力な百条調査委員会

　議会が、自治体の事務に重大な問題や疑惑があると考えるときには、具体的に調査の対象となる事案を特定して**百条調査委員会**を設置し、関係人の証言を求めたり、関係資料、記録の提出を求めることができます。

　百条調査委員会と呼ばれるのは、この委員会が地方自治法100条の規定に基づいて設置されるからで、議会の持っている一般の調査権と異なって強力な権限を有するので、一般の調査と区分するためにも百条調

査委員会と呼ばれているのです。

この百条調査委員会から（地方自治法は議会からという規定になっていますが、実質は百条調査委員会からです。）証言のための出頭や記録の提出を求められた場合に出頭せず又は記録を提出しなかったときは6ヶ月以下の禁錮又は10万円以下の罰金が課されます。

また、宣誓した関係者が虚偽の証言をした場合には3ヶ月以上5年以下の禁錮に処せられます。

この罰則の担保があるために、自治体の行政の問題を発見したり、場合によっては不正を暴いたりすることがより容易になります。

実際に、百条調査委員会で虚偽の証言をしたとして告発（捜査機関に虚偽の証言をしたという犯罪事実を述べて、犯人の処罰を求めること。）され、偽証罪に問われた例や、百条調査委員会に提出された記録や証言をもとに、自治体の職員の詐欺罪や背任罪が立件された例も結構あります。

また、百条調査委員会を設置しない場合でも、その設置が話題に上ったため、不当な行政が是正されたといった実例もありました。

このように百条調査委員会の制度があるということが、議会が自治体の行政についてチェック機能を果たすための強力な手段となっています。

もっとも、法定受託事務のうち国の安全を害するおそれがある事務などについては議会の調査の対象外とされています。

請願

自治体が住民がやってもらいたいと思うことをやらない場合（例えば、ごみ収集の回数を増やしてもらいたいのに増やさないなど）や自治体が住民の望まない施策を行おうとしているような場合（例えば、住民の充分な了解なしに、産業廃棄物処理施設を設置しようとしているなど）に、住民の意思を行政に反映させるためには、61頁以下で説明したように選挙で住民の意思を実現してくれそうな自治体の長や議員を選出したり、直接請求の制度を活用するという方法がありますが、議会を通じて

住民の意思を行政に反映させるという方法もあります。

先に挙げた例のような場合、自治体にやってもらいたいこと又はやってもらいたくないことを**請願書**に書いて、議員の紹介のもとに議会に提出することができます（自治法124条）。

この請願書を受けた議会は（1）採択（2）不採択（3）継続審査（次回以降の議会で採択又は不採択の決定を行う。）のいずれかの決定を行います。採択されると、請願書は関係機関に送付されます。送付を受けた関係機関は、その請願の内容についてどのように処置したかについて議会に経過や結果の報告をすることとなります（自治法125条）。

選良が前提

選挙で選ばれた議員は一般的に**選良**（選ばれた立派な人）と言われています。議員の中には少し変わった人もいて個人的には顰蹙を買う人も稀にはないわけではありません（刑法や軽犯罪法違反でマスコミの話題をにぎわす議員がいることからもご理解いただけると思います。）が、議員の集合体としての議会は選良の議員から構成されています。

実際に、それを前提としないと、地方自治のシステムのほとんどが成り立たなくなってしまうのです。例えば、議会で議決される条例には、私たち住民の権利を制限したり、住民に義務を課したりするものがありますが、選良の議員達が議論のうえに議決したからこそ、その条例に従おうとするのであって、仮に、選良でない議員が愚にもつかない議論の末に議決したと想像すると、とても従う気になれないでしょう。

議会の議員が集合体として選良であることから、議会の問題は議会自身の解決に任せるというしくみとなっています。

そこで、議会で無礼の言葉を使用したり、他人の私生活を暴露したりするなど選良としての品位を汚すような行為（自治法132条違反）をした議員に対し、議員の定数の8分の1以上の議員の懲罰動議の発議に基づいて、議会の議決により

　（1）公開の議場における戒告
　（2）公開の議場における陳謝

(3) 一定期間の出席停止
(4) 除名

の**懲罰**を科することができるとされています（自治法134条、135条1項・2項）。

なお、議会の議決は、(1)〜(3)は過半数の同意でできますが、(4)除名については、3分の2以上の議員の出席でその4分の3以上の同意（これを絶対過半数ということは前に説明しました。）が必要とされています（自治法135条3項）。

懲戒が悪用された事例も

議会の議決は、原則的に過半数の賛成（出席議員の半数を超える賛成）で行われますが、特に重要な案件（例えば、84頁で説明した長の不信任案の議決など）については、3分の2あるいは4分の3などの特別多数の賛成が必要と個別に規定されているものも結構あります。

都道府県庁や市区町村役場の移転を承認する議案もそれで、出席議員の3分の2以上の者の同意がなければならないとされています（自治法4条）。

ある村役場の移転に関連して、過半数は賛成だが3分の2以上となるためには1人不足するという状況が生じました。そこで、反対派議員1人を議事を混乱させているとして3日間の出席停止の懲罰を科し、その出席停止の間に村役場移転の条例を3分の2以上の同意で可決してしまったのです。

少し数字を挙げて説明します。20人のうち13人が賛成派、7人が反対派とすると、このままでは3分の2の14人には達しません。そこで、反対派の1人を出席停止とすると、出席議員が19人で13人が賛成派、6人が反対派となりますので、$13/19 > 2/3$となり、3分の2以上の特別多数となります。

除名と異なり、出席停止は過半数の同意で可決できますので、その点をうまく使った（悪用した）のです。

この事例は、訴訟になりました。訴訟の焦点は、議員に対する懲罰は

選良であるはずの議会に任された領域でその自律権を尊重して司法が立ち入らない方がよい領域なのか、個人の権利救済のため、「一切の**法律上の争訟**」を対象とする裁判所法3条の規定に基づいて司法権の対象とするべき領域なのかという点にありました。

最高裁大法廷は（4）除名については「議員の身分の喪失に関する重大事項で、単なる内部規律の問題に止らない」から司法審査の対象となるが、本件のように3日間の出席停止は、なお議会の判断に任せられた領域で、司法審査の対象とならないと判断しました（最大判昭和35年10月19日）。これには、次のように全く正反対の反対意見が付されました。

河村裁判官：（4）除名、（3）一定期間の出席停止　ともに司法審査の
　　　　　　　対象となる。
奥野裁判官：（4）除名、（3）一定期間の出席停止　ともに司法審査の
　　　　　　　対象とならない。

なお、この最高裁の判断は現在も有効ですが、最近の司法の審査領域の拡大傾向のもとで、いずれ将来は河村裁判官の意見の方向に動くのでは……と思われます。

議会基本条例とは

これまで説明してきたように、地方分権の進展に伴い議会の業務が増加し、議会に期待される役割も大きくなっています。そこで、
(1) 議会の議論の活性化と議会の透明化
(2) 議員の地域代表としての役割の強化
(3) 事後のチェック機能の強化と併せ、事前の政策形成への積極的関与
などを目的とする議会基本条例を制定する自治体が増加してきています。

具体的には、
①本会議における一問一答方式の質疑応答の採用
②本会議や委員会のケーブルテレビによる地域への放映など住民により
　分かりやすい議会広報の促進

③地域住民の意見を聞いたり、議会報告を行ったりするための地域住民集会の定期的開催
④自治体の職員や有識者などとの政策検討会の開催
などです。

ここで、①「本会議における一問一答」という耳慣れない言葉が出てきました。

従来、本会議では問題点の指摘に留め、より突っ込んだ質疑応答は委員会に委ねるという考え方から、議員が多くの行政課題について薄く広く質問し、首長などが順次回答する一般質問方式、いわば、問いっぱなし答えっぱなしの質疑応答が行われており、一部では緊張感に欠けるという批判もあったところです。

一問一答方式では、特定の行政課題に的を絞って本会議で議員が質問し、それに首長などが回答し、疑問点があれば、さらに質問し、その回答でも疑問点があれば、さらに質問し……これを繰り返して深く突っ込んだ質疑応答が行われることになり、曖昧な回答やお茶を濁した回答ができにくくなります。

この方式では、回答する首長なども大変ですが、質問する議員の方も十分な勉強と準備が必要となります。

一方、一問一答方式では、よく知っている問題を取り上げる傾向があり、卑近な問題を取り上げた結果、質疑が袋小路に入ってしまうという問題点もあります。

また、④の「有識者などとの政策検討会」については、議会の政策立案機能の強化のために、平成18年の地方自治法改正で法的にも認められるものとなりました（自治法100条の2）。

政務活動費

地方分権で議会の業務が増加したことに伴い、個々の議員の活動エリアも拡大されてきました。急増する議決案件のチェック、地域の代表としての住民の声の吸上げや住民への政策説明、議員立法のための条例案作成、重要度が増して注目されることが多くなった教育委員などの委員

や図書館などの指定管理者の選任同意（学者の中には「議会の選任同意責任」という表現を使って、その重要性を強調するものもいるくらいです。）など、実に多くの業務をこなさなければならなくなりました。

そのために、情報収集、政策研究、住民との対話など絶えざる努力が必要となりますが、これらの活動には経費がつきものです。

逆に、きちんと経費を払わないで、支持者の善意に頼っていた場合（例えば異常に安い価格での会場提供など）、寄付制限の規定、収賄罪の規定に触れるおそれも出てきます。

こうした政務上の必要経費に充てるため、条例で定めるところにより、政務活動費が個々の議員又は議員の所属する会派に交付されています（（自治法100条14項）「できる」規定ですので、交付していない自治体もあります。）。

従来は、政務調査費として交付されていましたが、個々の議員の活動範囲が大きくなったため、政務活動費と名称変更し、その対象経費の範囲も大きくなりました（平成24年の自治法改正）。

政務活動費を何に充てるかについては、基本的には、個々の議員の良識に委ねられており、支出後に領収書を添付（一定額以上の支出の場合）して、議会に報告するという取扱いが一般的でした。

その報告を見ると、中には首をかしげたくなるような支出（カラオケ、マンガなど）もありましたが、特に酷かったのが、号泣県議（不明朗な政務活動費の釈明の記者会見で、号泣して話題となった県議）で、ほとんど常識では理解できない頻度と日程の東京出張と城崎温泉出張の経費に充てたという報告でした。しかも、領収書を添付しなければならない額の支出にもかかわらず、全く添付されていませんでした。

この事件を受けて、多くの自治体で、政務活動費の限度額の引き下げ、すべての支出に領収書の添付の義務付けなどの対応措置が取られました。

個々の議員の自覚が大切

不祥事を起こすのは一部の議員で、大多数の議員は真摯な政務活動を行っているのに、迷惑な話ですね。

このほか、マスコミの話題となったものに、

病院呼び出し番号県議（病院で、名前でなく番号で呼び出されたのに腹を立てて、ブログで病院の対応を刑務所みたいと非難した県議）

セクハラ野次都議（他党の女性議員の議会での質問中に、セクハラ野次を飛ばした都議）

などがあります。

最近の不祥事の傾向として、

(1) 議会という集合体の行為から議員個人の行為へと非難の対象が変化している。
（従来は、議会の豪華な宴会や委員会の贅沢な海外旅行など集団としての行動が非難の的でした。）

(2) IT時代を反映して、ブログで述べたことが非難される（「ブログの炎上」）事態が増えている。

と言えそうです。

このため、議員一人ひとりが、法令コンプライアンス、モラル基準をしっかりと持つことが大切です。

また、「津軽選挙」で有名な地方の市で、市長選挙に関連してお金が動き、ほとんどの議員が次々と収賄罪で逮捕され、定数20名のうち実に15名の議員が逮捕されるという事態となってしまいました。まるで、『そして誰もいなくなった』（アガサ・クリスティ著）状態となり、村議会が成り立たなくなったという事件がありました（その後8名の穴を埋めるための補欠選挙が行われました（平成26年7月27日）。）。

おそらくお金を受け取った議員は、軽い気持ちで、「みんながやっているから」、「昔から許されてきたから」という感覚だったと思われますが、最早そんな言い訳は、通用しなくなった時代になったことを理解する必要があると思われます。

4　長と議会の意見が異なったとき

ここがポイント

> 長と議会の意見が食い違った場合、長も議会の議員もともに住民の直接選挙で選ばれているため、再び住民の意思を聞く、第三者的な機関の意見を聞く、どちらかの意思を尊重するなどの調整方法が取られます。具体的には、長の再議の制度、審査申し立て、原案執行予算の制度などがあります。
> また、議会を開会する暇がない場合などには、長の専決処分が認められています。

調整の原理

81頁で説明したように、自治体の長は住民から直接選挙で選ばれ（首長制）、また、議会の議員も住民から直接選挙で選ばれますので、そのパワーの源は両者ともに同一です。

それで、長と議会の意見が異なったときは、両者が対等ですので、両者のみで調整することは不可能です。とはいっても、両者がにらみ合ったままでは、自治体の行政が前に進みませんので、地方自治法は次のような解決策を用意しています。

A　重要な問題の場合→両者のパワーの源であるところの住民の意思を再度聞く。

B　法律の解釈など客観的に判断できる問題の場合→両者に直接の利害関係のない第三者的な機関の裁定に委ねる。

C　それほど重要でない問題の場合又は緊急を要する問題の場合→議会の特別多数の議決又は長の意思のいずれかを優先する。

次にその具体的な例を見てみましょう。

長の再議の制度

長は、議会における条例案などの議決や選挙について疑義があるときや法令違反があると認めるときは、理由を示して議会に**再議**を求めることができます（自治法176条1項）。

基本的には、「できる」規定ですので、再議に付するか否かは長の自由なのですが、
- 議会の権限外の議決や法令・会議規則に違反した議決の場合（自治法176条4項）
- 義務的経費や災害応急対策、感染症予防などの経費を削除又は減額する議決の場合（自治法177条）

については、再議に付さなければなりません。
　ちなみに、国の場合は「国会は、国権の最高機関であつて、国の唯一の立法機関」（憲法41条）であるため国会が可決又は否決した法律案について再議を要請するような機関は存在しません。しかし、自治体の議会の場合は「議事機関」（憲法93条）で、唯一の立法機関ではないため、議会が議決しても、長に再議に付する権利が留保されているのです。
　その具体的手続きや効果などは、次の通りです（自治法176条）。
(1) 条例の制定、改廃又は予算に関する議決についての異議→再議
　　→出席議員の3分の2以上の者の同意で再議決→成立（上記Cのパターン）
　　→出席議員の3分の2以上の者の同意ができず→不成立
(2) 議会の議決又は選挙が議会の権限を超え又は法令などに違反→再議又は再選挙
　（都道府県の場合）
　　→是正されず→総務大臣に審査申立て
　　→提訴（上記Bのパターン）→是正
　（市町村の場合）
　　→是正されず→都道府県知事に審査申立て
　　→提訴（上記Bのパターン）→是正

　なお、再議の対象は、従来は条例、予算に限られていましたが、平成24年の地方自治法改正によって、総合計画などの議決案件にも拡大されました。
　ただし、再議があった場合、議会が再可決するには、条例、予算では3分の2以上の同意が必要でしたが、それ以外の議決案件では、過半数

で良いとされています。

少し変わった長の再議

最近の少し変わった再議の例を紹介します。

財政難に対処するため、経済産業省が行う高濃度核廃棄物最終処分場の適地調査の受入れを決意した町長がいます。調査だけでも10億円が交付されるからです。

しかし、この受入れ表明が余りにも唐突だったため、賛成派、反対派と町を二分する騒ぎに発展します。反対派は町民の意見も聞いたうえで判断してもらいたいと住民投票条例の制定を求めて直接請求を行います。請求に必要な有権者の50分の1以上の署名を集めて議会に条例案を提出。議会ではギリギリ過半数の議決で住民投票条例が可決されましたが、町長が直ちに（再議は10日以内に行わなければならないので）再議に付します。再議に付されると、過半数ではなく3分の2以上の賛成が必要となりますが、そこまでは条例賛成派がおらず、結局、住民投票条例は廃案となってしまいました。

その後、町長が住民の信を問うとして、自発的に辞職、出直し町長選挙に立候補しましたが、対抗馬として反対派が担ぎ出した隣接する市の市議会議員（82頁で説明したように、町長など長の選挙に立候補するためには、住居要件は不要なので、隣の市に住んでいても立候補が可能となります。）に敗れ、高濃度核廃棄物最終処分場の適地調査の一件は沙汰やみになってしまいました。

結果論にはなりますが、再議の制度や自発的辞任して再選挙に立候補という方式によらずに、住民投票条例による住民投票を行った方がすっきりしていたように思われます。

原案執行予算

先に説明したように、議会は集合体としては選良の集まりですが、自治体の予算に関連して、ときには理屈に合わないような議決を行う場合があります。そんな場合の取り扱いは次の通りとされています（自治法

177条)。
(1) 議会が義務的な経費（法令により負担する経費など）を削除又は減額
　　→長が理由を示して再議に→議会が削除又は減額
　　→長が原案を執行（120頁前述Ｃのパターン）
(2) 議会が災害復旧経費又は感染症予防経費を削除又は減額
　　→長が理由を示して再議に→議会が削除又は減額
　　→不信任の議決とみなすことができる（前述Ａのパターン）

　議会が、義務的な経費などを削除又は減額することは、常識的には考えられないことです。最初はともかくとしても、長が再議に付したにもかかわらず、再度削除又は減額するというのは、政治的思惑からする長に対するイヤガラセとも思われます。

　そこで、そんなものは無視して必要な予算を執行するのが（1）の方法で、**原案執行予算**と呼ばれています。

　また、災害復旧経費又は感染症予防経費のように緊急に必要な経費を削除又は減額するというのは、政治的思惑からか長との信頼関係が崩れていると言えます。そこで（2）の場合は、長が不信任の議決とみなすことができるとされています。その後は84頁で説明したような手続きで進んでいくこととなります。

不信任の議決

　これについては、84頁を見てください。

専決処分

　先に説明したように、議会が唯一の立法機関と位置づけられていないこと、また、議会が常時開催されているわけでないこと（開催されていない日の方が多い。）から、議会を招集する暇がないときや議会が議決すべき事件を議決しない場合には、自治体の長は議会に代わって議決すべき事件を処分することができるとされています（自治法179条）。

　この措置は、長だけで決めることから**専決処分**と呼ばれています。

専決処分は本来議会が議決すべき事件を議決しない場合にやむを得ずに行う処分ですので、長が専決処分をした場合には、次の議会に報告し、議会の承認を得なければなりません。ここで、議会が承認してくれなかった場合には、政治的責任は残りますが、専決処分の法的効果には影響はないとされています。

　ただし、条例、予算の専決処分について議会が不承認としたときは、長は必要と認める措置を講じて、議会に報告しなければなりません。

　また、平成24年の地方自治法改正で、副知事及び副市町村長の選任議案が、専決処分の対象から除外されることとなりました。

　一方、これとは逆に、本来は議会の議決事項なのですが、議会の議決によって特に指定した軽易な事項については、長が専決処分できることとされています（自治法180条）。

　昔の議員は、本業が農家であったり、その地方の特産物を生産・販売している商店主であったりで、旦那衆のような感覚で議員をしていました。もちろん議員報酬も少なかったのです。そんな状況でしたので、農繁期や観光シーズンになると、本業の方を優先せざるを得ず、議会が成立しない場合も多く、長が代わって専決処分し、忙しさが一段落した次の議会で承認するというスタイルを取っていました。

　そんな時代には、専決処分は議会にとってもメリットのあるシステムだったのです。

　その後、議員を本務とする議員が増加し、さらに、近年の地方分権の進展で議会が議決すべき議案が増加し、議会での審議が重要視され注目を浴びるようになってきていますので、専決処分はできる限り避け、本来の議会での議決によるのが望ましいと思われます。

　このような認識のもと、平成18年に地方自治法が改正され、長が専決処分を行うことができる場合の条件が、より厳しくより明確になりました。

　具体的には従来の「議会を招集する暇がないと認めるとき」というばく然とした規定が「特に緊急を要するため議会を招集する時間的余裕がないことが明らかであると認めるとき」と改められたのです。

また、議会が開会されていれば、専決処分ではなく本来の議決が行えるので、議会の招集をよりスピーディーに行えるよう、臨時会の招集について、一定数の議員の署名という従来からのルートに加え、議会運営委員会の議決を経て議長も請求できるという新しいルートが作られました（自治法101条2項）。

さらに、平成24年の地方自治法改正で、議長などが臨時会の招集を長に請求しても、長が招集しないときは、議長が臨時会を招集することができるようになりました（自治法101条5項、6項）。

長と議会との対決事例

この章で説明した長と議会との対決の格好の実例が、ある市で生じました。

その経緯は次のとおりです。

平成20年8月に市長が初当選しましたが、ブログの「辞めさせたい議員アンケート」などで物議をかもし、そのあたりから市長と議会との対立が先鋭化していきます。

この事例では、議会で長の不信任→議会解散・選挙→新議会で再度の不信任→市長失職→市長選挙→当選→解職の直接請求成立→解職の投票→市長解職→市長選挙→落選　と地方自治法に規定されている制度がとことん使われました。

特に、制度上の問題点としてクローズアップされたのが、次頁の表の(7)の臨時議会開催の請求を無視して、専決処分を連発したこと、特に問題となったのが、副市長の選任の議会同意を専決処分したことでした。

従来は、明確には規定していないけれど、まさかそこまではやらないだろうと考えられていたエリアだったからです。

そこで、先に説明したように①議長等の臨時会の招集請求に対して「長が招集しないときは、議長が臨時会を招集することができることとする。」、②長の専決処分の対象について、「副知事及び副市町村長の選任を対象から除外する。」、「条例・予算の専決処分について議会が不承

認としたときは、長は条例改正案の提出、補正予算の提出など必要な措置を講じなければならないこととする。」といった改正が行われ、現行の姿になった次第です。

事実の経緯	自治法や公選法の規定など
(1) 議会が全員一致で不信任議決（平成21年2月6日）	3分の2以上の出席で4分の3以上の賛成が必要（自治法178条3項）
(2) 議会解散（平成21年2月10日）	不信任議決の通知から10日以内（自治法178条1項）
(3) 議会議員選挙（平成21年3月22日）	解散から40日以内（公選法33条2項）
(4) 新議会で不信任（平成21年4月17日）	解散選挙後の最初の議会で3分の2以上の出席で過半数の賛成が必要（自治法178条3項）
(5) 市長失職（平成21年4月17日）	再度の不信任の通知の日（自治法178条2項）
(6) 市長選挙投票（平成21年5月31日）	50日以内　失職した市長も立候補可能
(7) 失職した市長が当選 　再選された市長が専決処分（副市長選任、職員の給与減額条例など）を連発し、議会軽視と批判される。 　議長からの議会開会要求を無視し、知事から是正の勧告を受けるも市長は無視する。	任期は選挙の日から4年
(8) 市長解職の直接請求（平成21年8月）	署名活動は1ヶ月以内
(9) 直接請求の成立	有権者の3分の1以上
(10) 解職の可否の投票で解職が過半数（平成21年12月5日）	
(11) 市長解職（平成21年12月5日）	
(12) 市長選挙（平成22年1月16日） 　解職された市長が立候補するも、落選	

 ちょっとひと休み

議員がメイヤー（市長）

　世界の市の中には、市長が住民の直接選挙で選ばれるのではなく、議会の議員が兼務したり、議会が委託した者が市長の職務を行っている例があります。

　フィリピンの市の中には、議会の議長がメイヤー（市長）を兼ね、議会の各委員会の委員長が市のディレクター（部長）を兼ねているところがあります。例えば、総務委員会委員長の議員が総務部長、産業委員会委員長が産業部長といった具合で、議会と執行部が一体となった形態です。

　また、タイのパタヤ市はベトナム戦争の際、米軍の後方支援の病院、リハビリ施設があったところで、アメリカの影響を受けて、議会が選任するシティ・マネジャーが市の行政を行うという**シティ・マネジャー制度**を採用していました。ところが、①議会が委託の概念を十分に理解せず、委託した事項にまで口を出したこと、②人間関係が濃密すぎていろんな人が行政にくちばしを入れたこと、特にタイの文化風土から僧侶がくちばしを入れた場合はそれを尊重せざるを得なかったこと、③逆に、住民の選挙で選出された訳でないシティ・マネジャーの権力の基盤が弱かったことなどから、いろいろな人の意見に表現して、十分に成果を上げられないまま解雇されるマネジャーが相次ぎました。

　折角のシティ・マネジャーの制度も、タイの風土では花開かなかったのです。制度はただ単に導入すればよいというのではなく、文化風土にうまく根付くように調整することが必要であるという教訓を残した事例でした。

6章　地方財政のしくみ

1　住民自治、団体自治を進めるために

ここがポイント

> 　自治体が仕事をするためには、お金が必要です。広く薄く集められる地方税、豊かな地域と貧しい地域とで生じる税収のアンバランスを調整するための地方交付税、国からの国庫支出金、自治体のローンの地方債などが自治体の主な財源です。
> 　また、近年の地方分権の進展に伴い、地方債の発行が許可制から原則協議制へ、法定外税の新設が許可から同意へと、より自治体の自主性を高める方向へとシステムが改正されています。

■ 理想の自治もお金がなければ、絵に描いた餅

　これまで住民自治、団体自治について説明してきましたが、いかに立派な制度や計画を作っても、お金がなければ、その理想は実現しません。例えば、住民の意向を受けて長が橋や学校や健康センターなどの建設を決意し、議会がそれを承認しても、お金がなければ現実に建設することはできません。この点は、私たちの家計と全く同様です。

　また、景気が良くてお金がどんどん入るからといって、無駄な施設を造りすぎても将来維持管理に困りますね。ローン（借金）で施設をどんどん造っても将来の支払いが大変です。この点も私たちの家計と同様です。

　その意味で、地方財政は私たちの家計と基本的な考え方が同一ですので、比較的理解しやすいと思います。若干注意してもらいたいのは、

(1) 地方財政は1つの単体の会計ではなく、約1,800の自治体の会計の集合体であるということ

(2) 国、都道府県、市町村の財政が相互に関連していること
(3) 1つの自治体の会計も1つではなく、一般会計のほか、多数の特別会計や公営企業会計から成り立っていること

などの点です。

また、自治体の財政ですので、**効率性の原則**に加えて**公平の原則**が必要とされます。

以下順に、地方財政のしくみや現在の動きを見てみることとしましょう。

歳入、歳出のスケルトン

自治体の収入は、1年間を単位としていますので、その年（歳）の収入と言う意味で**歳入**と呼ばれています。同様に支出は**歳出**と呼ばれます。

その歳入歳出のあらましは次の表のようになっています（「平成25年度地方公共団体普通会計決算の概要」総務省報道資料から）。

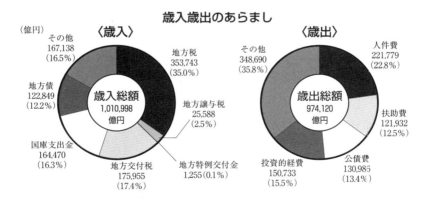

ちなみに、この表は、約1,800の自治体の決算を集大成したものです。

やや専門的になりますが、この表の数値は、自治体間のダブリ（例えば、県から市への補助金の場合それぞれ県の歳入、歳出、市の歳入、歳出に計上されますので、単純に合計するとダブルカウントされることになります。）を除いて計算されたもので、純計と呼ばれています。

まず、最初に歳入の方から見てみましょう。歳入の内訳はウエイトの高い順に、地方税（35.0％）、地方交付税（17.4％）、国庫支出金（16.3％）、地方債（12.2％）、その他（16.5％）となっています。

また、歳出の方は、福祉に要する経費に充てるのか、商工の振興に要する経費に充てるのかといったふうにどんな経費に充てるのかという目的別の分類のほか、どんな性質の経費に充てるのかという性質別の分類があります。

経費の分析や研究には、性質別の分類の方が便利で一般的によく使われますので、性質別分類の表を見てみましょう。

ウエイトの高い順に、職員の給料などの人件費（22.8％）、橋や道路の建設に充てられる普通建設事業費などの投資的経費（15.5％）、自治体のローンの返済に充てられる公債費（13.4％）、生活保護費などに充てられる扶助費（12.5％）、その他（35.8％）の順になっています。

地方税応益主義の原則

最初に自治体の主な歳入について見てみましょう。

自治体の歳入の中で最も大切なのは、地方税です。54頁で自治体の住民は自治体という同好会の会員に例えることができるという話をしました。会員ですと、所得の大小にかかわらず、一律の会費を支払います。同好会からの受益は所得と無関係だからです。自治体の住民の場合も同様で、道路の使用や小中学校への通学、病院の利用など自治体のサービスを受けるのは所得の大小に関係ないですよね。

そこで、この受益に着目して、広く薄く税金を集めるという方針で地方税がデザインされています。これを「**応益主義の原則**」といいます。

ちなみに、国の税金の場合は所得の大小に応じて、所得の高い人には高い税率で、所得の低い人には低い税率で税金を集めるという累進課税（最近は、所得の高い人にあまり高い税率を課すと金持ちが海外に逃げ出すと困りますので、よりフラットになっています。）を採用していますが、これは所得に応じて課税されることから「**応能主義の原則**」と呼ばれています。

また、地方税は、地方税法の範囲で条例で定めることとされています（地方税法2条、3条）。なお、それ以外の税、いわゆる法定外税については、後で説明します。
　地方税は、住民から強制的に一定の金額を徴収するものですから、住民の代表である議会で制定される条例で定められなければならないことは当然と言えば当然です。これを**租税条例主義**と言います。
　同様に、国税についても、国民の代表である国会で制定される法律で定められなければなりませんが、これを**租税法律主義**と言います。
　もっとも、いくら条例で定めるといっても、地方ごとに違う種類の税金があったり、税率がマチマチであったりすると、全国的な事業展開をしている企業の経済活動に支障が生じますので、国の法律の地方税法で大枠を定め、その範囲で条例で具体的な税率などを定めるしくみとなっています。
　このため、地方税法は**枠組み法**と言われています。

地方税—法定外税の話

　地方税は、**普遍性の原則**に基づいて、どこにでも普遍に存在する税源を対象にデザインされるのが望ましいとされています。
　実際に、市町村税収で大きなウエイトを占めるのは、住民を対象とした市町村民税と土地や建物を対象とした固定資産税ですが、住民も土地も建物もどこにでも普遍に存在するものです。
　都道府県税も同様で、住民を対象とした都道府県民税と地域内の企業を対象とした法人事業税が大きなウエイトを占めています。
　これは、先に説明したように、住民も地域内の企業も自治体からの消防や警察のサービスを受けたり、港湾や空港、道路を利用して経済活動をしていますので、その受益に応じて広く薄く集めるという地方税の応益原則とも一致するものです。
　この普遍性の原則とは逆に、その地方だけの特殊な行政需要があるケースがあります。
　例えば、別荘が多く建てられている地域は、夏場などのリゾートの時

期に大挙してやって来る人々のためにごみ処理や下水道処理などが必要となりますが、別荘の持ち主はその地域の住民でないため住民税を徴収することができません。そこで、別荘の面積に着目して税金を集めるという方法が考えられます。ただし、各自治体がてんでバラバラに新しい税金を定めると、先に説明したように、企業などの経済活動に重大な影響を与えかねません。

そこで、地方税法に規定されていない新しい税（法律に定められている税以外の税という意味で**法定外税**と呼ばれています。）を自治体が創設する場合には自治大臣（省庁再編により現在は総務大臣）の許可が必要とされていました。

地方分権の進展の流れの中で、平成12年地方税法が改正され、総務大臣の同意で法定外税を創設することができるようになりました。

なお、①住民の負担が著しく過重となること
　　　②自治体間の物の流通に重大な障害を与えること
　　　③国の経済政策に照らして適当でないこと

のいずれかに該当する場合を除き、総務大臣は同意しなければならないこととされています（地方税法259条～261条）。

このように、法定外税の創設が容易になったため、最近は法定外税の創設が相次いでいます。その地域独特の税源に着目した森林税、核燃料税、砂利採取や産業廃棄物の処理に特別の財政需要があるとして、その処理に要する経費に充てることを目的とする産業廃棄物税、ホテルの宿泊客を対象とする宿泊税、放置自転車の処理に要する経費に充てるための放置自転車等対策推進税などです。

ちなみに、使途を特定しないものを法定外普通税、特定の経費に充てることを目的としたものを法定外目的税と言います。

地方交付税─必要とされる理由

200年近く昔、米作を主な収入源としていた江戸時代は、各地方の経済力（その大小も加賀百万石、黒田五十二万石など米の出来高の表記の石高でした。）は、その地方の耕作可能な平野の広さと米作に従事する

人口に比例していました。それで、鍋島の焼き物、赤穂の塩など特産物のある地方、逆に台風などの災害常襲地域などで地域間に格差はありましたが、ベースとなる米作の生産性自体には基本的に差がなかったため、全体として地域間に大きな格差はありませんでした。ところが、近代の工業化時代になると富岡製糸場、八幡製鉄所など生産工場のある地域や石炭などの資源のある地域が、戦後は、太平洋ベルト地帯と呼ばれるいわゆる重厚長大型産業の工業地帯を有する地域が、その後はアパレル産業などいわゆる軽薄短小型産業を有する地域が、さらに最近は、金融、情報、ITなどの産業を有する地方が豊かになっています。

豊かな地方があるということは、一方で相対的に貧しい地域があるということです。

この地域の経済力に格差があるということは、地方税の収入の税収に格差があるということにつながります。都道府県で見ても、東京都のように自前の税収で必要経費を十二分に賄えるところもあれば、高知県や島根県のように自前の税収だけでは必要経費の2割程度しか賄えないところもあります。

ちなみに、自前の税収で必要経費の何パーセントを賄えるかの基準、指標を**財政力指数**と言います。より正確には次頁で説明する基準財政需要額を基準財政収入額で割った数値を言います。

住民自治、団体自治の観点からは、自前の税収で必要経費を十二分に賄えることが望ましいことは言うまでもありません。というのは、自前で賄えない不足分はどこかから持ってこなければなりません（自治体の場合は国からです。）が、自前のお金でないため、自主的にやりたい事業に充てることができなかったり、効率的に使おうとするモチベーションが働かなかったり、無駄な経費がかかったりと資金の効率的使用やモラル・ハザードの観点からいろいろと問題があるからです。

しかし、先に説明したように、自前の税収で必要経費を賄えない自治体が大多数で、東京都のように自前で賄える自治体の方がはるかに少ないのです。

そこで、必要経費と税収との不足分を埋めるためのシステムが必要と

なります。それが、**地方交付税**の制度です。

地方交付税のあらまし

地方交付税が必要とされる理由からも分かるように、地方交付税制度がうまく機能するためには、

①不足額を満たすに足る充分な額が確保されていること、②自治体の自主性を損なわないことが必要です。そのため次のような工夫が凝らされています。

(1) 地方交付税の総額は**国税5税**の一定割合とされています（地方交付税法6条）。

具体的には、法人税の収入額の　　　　　34％
　　　　　所得税、酒税の収入額の　　　32％
　　　　　消費税の収入額の　　　　　　19.5％
　　　　　たばこ税の収入額の　　　　　25％　　です。

国税5税の収入額の一部ですが、国の収入の一部を地方が分けてもらっているのではなく、本来は自治体が地方税として収入すべき額、すなわち地方の共通の財源を国税の一部として国が集めているといったイメージです。

(2) 具体的な自治体の必要経費に応じて配るのではなく、人口など客観的な指標に基づいて標準的な行政を行った場合に必要となるであろう経費（これを**基準財政需要額**と言います。）から標準的に収入されるであろう税収（これを**基準財政収入額**と言います。）の一定割合を差し引いた額が交付されます。

理論計算に基づいて交付されますので、その使途については自治体の自主性に基づいて決定することができます。

また、税収の一定割合（原則として75％）を基準財政収入源として差し引くだけですので、残りの税収（25％相当分）はフリー・ハンドで使うことができるわけです。

これが**普通交付税**で、地方交付税総額の96％が充てられます。残りの4％は、台風、地震による災害復旧など特別な財政需要がある場合そ

の必要に応じて、自治体に配分され、**特別交付税**と呼ばれています。

📝 国庫支出金

　先に、自治体は地域において、国の本来果たすべき役割で自治体の仕事である法定受託事務を行っていると説明しましたが、主として法定受託事務（(3)は自治事務）に係る経費の財源はおおよそ次のようになっています。

(1) **委託費**——国勢調査や国政選挙など専ら国の事務の執行に要する経費で、自治体は手伝っているだけなので、100％の額が国から自治体に交付されます。

(2) **負担金**——国民が健康で文化的な最低限度の生活が送れるようにするための生活保護に要する経費や国民に一定レベルの教育を行う義務教育に要する経費や台風などの災害を復旧し国土の保全に要する経費など国としてナショナルミニマムを確保するための事業で、本来は国の仕事であるが自治体も全く無関心ではいられない事業なので、その関心の度合いによって、国と自治体がそれぞれ経費を負担するものです。

(3) **補助金**——橋や道路の建設など国、自治体ともに関心のある事業や公民館の建設など本来は自治体の仕事であるが、社会教育の推進の観点から国も奨励したい事業などに対して、事業を進めるために奨励的に交付されるものです。その補助率もバラバラですが、余り小額なものや補助率の低いものは事務の手間ばかりかかって効率が良くないため避けるべきとされています。

　これらを併せて、**国庫支出金**と呼ばれています。国庫支出金も原資は国の税金ですので、一定の基準のもとに交付されることは当然ですが、余りにも注文が多すぎて「金は少ししか出さないが、口出しはいっぱいする」では困りますよね。また、補助金の中には、補助金創設時と環境が変化し、補助効果が薄くなってしまったため整理した方がいいものもたくさんあります。こうした補助金の問題点を解消するため、最近になってやっとまちづくり交付金など自治体の計画に沿った施設に充当で

き、過不足が生じた場合は計画の中の施設間で流用できる交付金制度ができました。

なお、(2)の負担金のうち自治体の負担部分は自治体にとっての必要経費となりますので、先に説明した地方交付税の基準財政需要額に算入されることとなります。

地方債

自治体の経費の中には、将来の住民に経費の一部を負担させても良いものがあります。例えば、学校や橋や市民センターの建設などの経費がそれで、建造物がある以上は将来の住民も、それを利用することができますので、その受益の範囲で将来の住民に負担を求めても不満はでない（公平の原則に反しない）と思われます。

これが、**地方債**の制度で、例えば学校建設に関してその経費を銀行から借り入れて調達し、その元金と利子を 10 年かけて返却するというものです。

銀行から借り入れる以外にも、市債、県債などを発行して広く一般から資金を集めるという方法もあります。

将来の住民もその建造物を利用することができるからということが地方債という借金が認められる根拠ですので、単なる赤字の埋め合わせに地方債を使うことは認められていません（地方財政法5条）。

この地方債のしくみは、個人がローンを借りて住宅を建設するのとよく似ています。ただ、個人の場合は土地や住宅が担保となり、それに抵当権が設定されますが、自治体の場合は、将来の課税権（将来、住民から税金を集めることができるという能力）が担保と考えられていますので、学校や橋や市民センターに抵当権が設定されるというようなことはありません。

地方自治法238条の4は原則として「**行政財産**（学校や橋や市民センターなど行政の用に供される財産）……に私権（抵当権など）を設定することができない。」と規定しています。

なお、ごく例外的な取扱いですが、PFI手法で建設した施設などにつ

いて私権の設定が認められるケースがあります。これについては、162頁で説明します。

　また、地方債は、上手く使えば当座は少ない経費で大きな仕事ができるというメリットがありますが、一面では負担の先送りという側面や、借金についての感覚がマヒするといったモラル・ハザードという側面も有しており、むやみに地方債に頼ると、将来その元利金の償還が大変になり、将来の財政を圧迫することになります。

　そこで、地方自治法230条は、地方債は予算で定めることとし、その目的、限度額、利率などについて議会のチェックにかからせることとしています。また、全国的な資金配分の効率性を確保するという観点から市町村の地方債については都道府県知事に、都道府県の地方債については総務大臣に協議するものとされています（地方財政法5条の3）。

　また、財政が赤字の自治体や借金の比率の高い自治体など財政状況の良くない一部の自治体については、財政の健全性を確保する観点から、協議ではなく、許可を受けなければならないとされています（地方財政法5条の4）。

　なお、従来はすべて許可制とされていましたが、地方分権の進展に伴い、財政状況の良くない一部の自治体を除き、協議制へと移行されたのです。

　制度は変わりましたが、地方債の本質的な問題点が変わった訳ではありませんので、総務大臣や都道府県知事のチェックに代えて、自治体、議会、住民自らのチェックが従来にも増して大切となってきます。

その他の収入

　自治体のその他の収入として、私たちが住民票の写しの交付を受けたときに支払う**手数料**や文化会館のホールや公立のプールなどを利用したときに支払う**使用料**なども自治体の収入となります。

　また、不用な土地などの**財産の売却収入**も自治体の収入となります。

　さらに、住民の中には、お金をはじめ、土地や絵画などの美術品を自治体に寄附する人もいます。これらも自治体の収入になります。

ただ、**寄附**に関しては注意しなければならない点が2つあります。
(1) 寄附について負担が付く場合があります。例えば、美術品を数十点寄附するので、美術館に特別展示室を設けて展示してほしいとか、別荘を山林付きで寄附するのでナショナル・トラストとして維持管理してもらいたいとかいった例です。このような負担が付いた場合は自治体の方にも経費の支出が必要となります。

　負担のない寄附の場合は、長のみの判断で受け取ることができますが、負担が付いている寄附を受け取るには、議会の議決が必要とされています（自治法96条1項9号）。

　もっとも、負担の中には、5万円程度の支出で済むなど軽微なものもあります。このような軽微なものについてまで、いちいち議会の議決を求めるのもわずらわしいので、124頁以下で説明したように、議会の議決によって軽微な負担付寄附（例えば100万円以下の負担）については、長が専決処分することができるとする取り扱いとするのが一般的です。

(2) 寄附を住民が自主的に行う場合には、何ら問題はないのですが、自治体が住民に寄附を強制的に割り当てたりすると、それは、形を変えた税金となり問題ですよね。

　そこで、地方財政法4条の5は、国は自治体や住民に対し、自治体は他の自治体や住民に対し寄附金などを割り当てて強制的に徴収するようなことをしてはならないと規定しています。

地方分権のために望ましい財源は

　先に自治体の収入の主なものを説明しましたが、このうち自前の収入は、地方税とその他の収入で、**自主財源**と呼ばれています。自主財源以外の収入は、**依存財源**と呼ばれ、地方交付税、国庫支出金、地方債がそれに当たります。

　また、国庫支出金、地方債は、その使途が特定されていますので、**特定財源**と呼ばれます。これに対し、地方税、地方交付税、その他の収入は使途が特定されておらず、自治体の意思によって自由に使えるため一

般財源**と呼ばれています。

	一般財源	特定財源
自主財源	地方税、その他の収入	
依存財源	地方交付税	国庫支出金、地方債

　地方自治の観点からは、自主財源や一般財源が望ましいことは言うまでもありません。

　そうすると、地方自治の観点からは、①地方税、その他の収入、②地方交付税、③国庫支出金、地方債、の順に望ましい財源ということになります。

 ちょっとひと休み

消防サービスの対価

　アメリカのテネシー州サウス・フルトン市で、火災の通報を受け、消防隊が駆け付けながら、消火活動を行わず、家屋が焼け落ちるのを何もせずに見ていたという、わが国では考えられない事件が起こりました。

　サウス・フルトン市では、消防のサービスに対し、年間75ドルの使用料を払うこととされていましたが、この家の持ち主はその使用料を滞納していたのです。

　公務サービスまでが、経費負担とリンクしているというアメリカならではの話ですが、さすがに、ここまでは行き過ぎと非難を浴びました。

　わが国の場合、消防の消火活動や救急活動は、市町村の最も基礎的な業務として対価なしで行われています。

　ただし、救急車をタクシー代わりに使われて、本当に救急搬送が必要な傷病者への救急車の到達が遅れるケースがあるため、救急特区により、救急通報の時点で重症か軽症かを判断し、軽症者には電話による診断、措置や近くの医療機関を紹介するなどのコール・トリアージ制度を採用し、結果的に不必要な経費の節減を図っている横浜市のような例もあります。

　また、世界的にみれば、有料救急車制度を採用している国も結構あります。救急業務を住民一般への潜在的な受益とみるか、特定住民の受益とみるかが、判断の分かれ道となります。

歳出

　次に、歳出について見てみましょう。129頁の円グラフに戻ってください。

　第一に目に付くのは、歳入が101兆998億円に対し、歳出が97兆4,120億円と歳出の方が少なく、地方財政のトータルでは一応健全財政と言えるという点です。

これは、私たちの家計でも、健全な家計と言うためには、収入の範囲内で支出を行い、余ったお金を貯金に回せることが大切ですが、それと同様です。

　もっとも、これは約1,800の自治体の決算のトータルの額（総和）ですので、個々の自治体の中には、歳出が歳入を上回っているいわゆる赤字団体もあります。

　このような団体については、その赤字の原因究明と適切な対応が必要とされます。

　また、特に赤字の割合が高く、赤字が続く団体は**財政再生団体**に指定され、都道府県や総務省のチェックのもとで赤字団体からの脱却が図られます。

　なお、歳入歳出の差額は翌年に繰り越して使用するか基金に積み立てるかのいずれかとすることとされています（自治法233条の2）。家計でも余ったお金を貯金に回すのと同様です。

　第二に、性質別の歳出の中には、職員の**給与**や議員の報酬といった人件費や生活保護などの扶助費、先に説明した地方債の償還に充てられる公債費など義務的な要素が強く、減らすことが困難な経費があります。

　また、一方では、道路、橋、学校などの建設経費のように、減らすのが比較的容易な経費もあります。

　義務的に支払わなければならない経費の割合が余りに高い場合には、新しい仕事に回せる経費の余裕がなくなりますし、さらに景気が悪くなって、歳入が減ったときに歳出を減らしにくいので赤字になるおそれも強くなります。そのため、義務的に支払わなければならない経費の割合を高くしないような財政運営が望ましいとされています。

2　経費の節減、効率化のために

ここがポイント

> 自治体の経費の節減、効率化のために、計画を立て、予算で収入・支出をコントロールし、決算でチェックすることが大切です。
> 無駄な支出や不用不急の支出に関しては監査委員のチェックのほか、住民も無駄遣いなどがあると思うときには監査委員に監査を請求することができます。
> さらに、近年は、行政評価で政策や事業をチェックする自治体も増加しています。

■ 最少経費で最大効果の原則

地方自治法2条14項は、自治体が「その事務を処理するに当つては、……最少の経費で最大の効果を挙げるようにしなければならない。」と規定しています。

先に説明したように、自治体の収入は税金や手数料、使用料など私たちが支払うお金がベースとなっていますので、そのお金を無駄遣いしないで、有効に活かして使うというのは当然と言えば当然の話です。

有効に活かして使うためには、どうすればいいでしょうか。

先に自治体の財政も私たちの家計と似ているという話をしましたが、私たちの家計を念頭において考えてみましょう。

■ 計画的に使う

まず、第一には、計画を立てて使うということです。私たちの家計でも、無計画に使うと二重に物を買ったり、不必要なものを衝動買いしてみたり、逆に必要なものを買い忘れたりといった事態になります。自治体の場合も全く同様で、無計画に行政を行うと、例えば、工業団地を造成したのにそれをつなぐ道路がなかったり、住宅団地ができて人口が大きく増えたのに、下水処理や学校の増設が追いつかなかったりといったちぐはぐで非効率な行政となってしまいます。そこで、総合計画を定め

て計画行政を行っているのが一般的です。

予算の範囲内で使う

　第二に、予算の範囲内でお金を使うということです。私たちの家計でも少し大きな買い物をする場合には、例えば、電気街でパソコンを 10 万円以下で、デジカメを 5 万円以下で、写真館によってポートレート写真を 2 万円以下で、その足でスーパーによって夕食の材料を 3 千円以下でといった具合に、大体の見積もりを立てた上で、財布に必要なお金を入れて家を出るでしょう。

　そして、仮にパソコンが 15 万円と見積もっていた価格よりも高かった場合は、その購入を諦めるか、再度見積もりを組み替えてデジカメを諦めて、そこで浮いたお金をパソコンの購入経費に充てるという選択をする場合もあり得ますね。

　自治体の予算も同様の役割を果たしていて、議会の議決を得た予算の額を超えて支出することはできません。従って、どうしても超えて支出しなければならない場合は、

　①軽微な額で流用可能な他の予算が余っているときはその予算からの**流用**（自治法 220 条 2 項）
　②必要な額に予算を補正した補正予算を調整し、議会の議決を経る（自治法 218 条）
　③**予備費**から充当（自治法 217 条）

などの方法に拠らなければなりません。

　また、買い物リストを見れば、その家庭がどんな買い物をするか、どんな暮らしをしていて、何に力を入れているかが分かるように、自治体の予算を見れば、その自治体の特徴や重点を注いでいる方向などが、一目瞭然となります。

決算でチェック

　第三は、決算でしっかりチェックするということです。私たちの家庭でも家計簿をきちんとつけていれば、例えば、今月はいつもの月より光

熱費が余計にかかり過ぎたので、来月からは電気を小まめに消すようにしようとか、食費のウエイトが高すぎるので、少し外食を控えようとか、いろいろとチェックして将来にそれを活かすことができます。

自治体の**決算**も同様で、現実に支出した額を記録することによっていろいろなチェックが可能となります。

例えば、予算と比較することによって、予算どおりに執行されずに多くの額が残った場合は、執行に障害があった（例えば、担当職員が少なすぎたなど）のではないか、あるいは予算査定が甘かったのではないかなどいろいろな問題点が見えてきます。

また、過去の決算と比較することによって、傾向の分析が可能となります。さらに、似たような自治体の決算と比較することによって、どこに改善の余地があるのかなど課題の発見ができます。

決算は**出納整理期間**の終了（5月31日）後、3ヶ月以内に作成され、監査委員の審査を経て議会の認定に付されます（具体的には10月あるいは11月に**決算委員会**が開かれ、そこで決算が審議されます。）（自治法233条）。

もっとも、仮に議会が認定しなかった場合でも、長の政治的責任は別として、現実にお金は支出されてしまっていますので、その執行自体は有効と解されています。

財政再生団体と早期健全化団体

民間企業の場合は、売上げが落ちて経費を賄えなくなると、手形が落ちず債務不履行（デフォルト）となって、破産手続きに移行ということになりますが、自治体の場合は、毎年税収がありますし、標準的な財源の不足分は地方交付税で補てんされますので、破産するという事態は、考えにくいのですが、実際には破産に直面するということが起こっています。

かつては夕張炭鉱で、現在は夕張メロンとゆうばり国際ファンタスティック映画祭で有名な夕張市が、破産の危機に瀕し、話題となったことがあります。

財政破綻の主な原因は次の2つです。
(1) 夕張炭鉱全盛時には、人口11万人でそれに相応しい学校、病院などの公共施設を有していましたが、夕張炭鉱の閉鎖に伴い人口1万人余りへと10分の1に急減したにもかかわらず、従来の施設をそのままにしていたため、維持管理経費の負担が重くなったこと
(2) 炭鉱閉鎖によって失われた活力を、折からのリゾート・ブームやふるさと創生ブームに乗って観光開発によって補おうとし、夕張めろん城、ロボット大科学館、夕張市美術館、夕張鹿鳴館、ゆうばり化石のいろいろ展示館など多くのハコ物を建設したが、その維持管理経費の負担及び建設のために発行した地方債の元利償還金の負担が重くなったこと

この夕張市は、現在「地方公共団体の財政の健全化に関する法律（地方財政健全化法）」に基づく財政再生団体に指定され、財政再生計画を策定し、小学校の統廃合などによる経費節減、上下水道料金値上げなどによる増収などに取り組んでいます。また、地方債を活用した新規事業については、財政再生計画で認められたもの以外は行えないなど住民にとっては、辛い状況が続いています。

住民代表の長の政策が時代の流れに合わなかった、住民代表の議会の予算、決算のチェックが甘かったと言ってしまえばそれまでですが、こんな状態になって住民に迷惑をかける前に早目に財政状況の悪化の兆候をつかんで、治療しようということで、早期健全化団体制度が創設されました。

これは、財政の健康度を測る4つの物差し、①実質赤字比率、②連結実質赤字比率、③実質公債費比率、④将来負担比率、のうち1つでも基準をオーバーすると、早期健全化団体と認定され、議会の同意を得たうえで財政健全化計画を作成し、自主的に財政の健全化に取り組むこととするものです。

今後、わが国全体で人口減少期を迎え、自治体の中には大きく人口が減少すると推計されているところもあります。人口急減の中で苦労した夕張市の教訓を他山の石としたいものです。

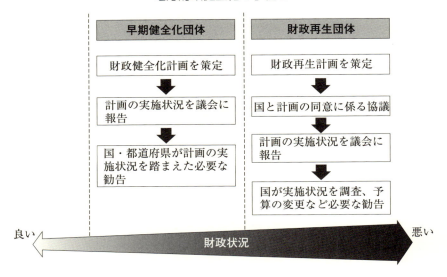

行政評価で政策もチェック

　決算によるチェックが主に財政面から効率的な行政が行われているかどうかに重点が置かれるのに対し、政策の必要性や政策のコスト・パフォーマンスなど政策自体をチェックするのが**行政評価**の制度です。近年、行政評価条例を策定し、この制度を取り入れる自治体が増えてきています。

　行政評価制度の良いところは、主要な政策について、原点に戻って本当にその政策が必要かどうか、他の選択肢がないかどうかなどを再チェックできる点で、うまく運営されている自治体では、職員に経営感覚が出てきた、従来から漫然とやってきた非効率な政策を整理することができた、従来とは異なる執行方法を採用することができたなどのメリットが報告されています。

　もっとも、自治体の中には、予算査定の際に政策の必要性も含め議論するので、改めて行政評価の制度を創らなくてもよいと考えているとこ

ろもあります。

それぞれ、自治体の実情に応じて、実質的に政策のチェックができ、効率的な行政ができるのであれば、形式にはこだわらなくてもいいと思われます。

3　予算と決算のあらまし

ここがポイント

> 予算は議会の議決事項の中でも最も重要なものの1つで、議会や住民のチェックが容易となるように、会計年度独立の原則、総計予算主義の原則、現金主義の原則などの諸原則に基づいて作成されます。
> 　予算の執行に伴い、会計管理者などが支出の手続きなどをチェックしたうえで、金銭の受け入れや払い出しなどのいわゆる会計事務を行います。
> 　また、会計年度終了後に決算が作成され、監査委員の審査を経て、議会で決算認定が行われます。
> 　このように、各ステップでチェックが行われることで、私たちの税金が公正に、かつ、効率的に使われるように担保されています。さらに、最近は民間企業の経営手法を取り入れて予算の効率化を図る自治体も出てきています。

◤ 年度の区切りが大切

予算といい、決算といっても、どこかで期間を区切らなければだらだらと執行することとなって意味がありません。

家計簿の場合ですと毎月締めるということで月単位が多いと思われますが、それは収入の方が月給で月単位でサイクルするからです。

自治体の場合は、税金をはじめ国庫支出金などが1年単位で入ってきますので、1年を一区切りとしています。

具体的には、4月1日から翌年3月31日までの1年間を会計年度と言い、その会計年度の支出（その歳の支出という意味で、歳出と言います。）は、その会計年度の収入（その歳の収入という意味で、歳入と言います。）で賄わなければならないとされています（自治法208条）。こ

れを**会計年度独立の原則**と言います。

　その年に必要な経費を、来年や再来年の収入をあてにしていたのでは大変なことになりますので、当然といえば当然の原則ですが、こればかりですと、大規模で長期にわたる事業がやりにくかったり、柔軟性に欠けたりしますので、一定の例外が認められています。

(1) **地方債**…………先に説明したとおり、ローンで学校、道路などを建設し、10年や20年といった長期にわたって返済していくものです。

(2) **債務負担行為**…将来支払うことが決まっている支出について、その額や時期を現在の予算で明確にし、将来の負担に備えようとするものです。後で説明するPFI事業などで活用されています。

　このほか、継続費、繰越明許費、事故繰越など年度をまたぐシステムが認められています。

予算書の構成

　先に説明した内容のすべてを含んで予算書が作成されます。その結果、予算書は次のような構成になります（自治法215条）。

予算書		
1　歳入歳出予算	2　継続費	3　繰越明許費
4　債務負担行為	5　地方債	など

　この予算書の全体が、102頁で説明したように、議会の議決の対象となります。

　項目としては、継続費や地方債など会計年度独立の原則の例外の方が多いですが、ボリュームとしては、圧倒的に歳入歳出予算が群を抜いています。

　この歳入歳出予算は項目ごとに金額が記載されていますが、項目と数値だけではイメージしにくいので、具体的に事業の内容などを説明した**歳入歳出予算説明書**をあわせて議会に提出することとされています（自

治法211条2項)。

　実際の議会の審議は、この歳入歳出予算説明書をベースに、それぞれの委員会に分かれて所管する部分を審議（例えば、産業経済委員会では、商工費、農林水産業費などについて審議）し、各委員会の採決結果を踏まえて本会議で全体審議が行われ議決されるというプロセスで行われます。

　なお、予算書には、歳入から必要経費を差し引き、歳出から使用料などの収入などを差し引きして純粋に必要な経費のみを計上する方法（これを「**純計予算主義**」と言います。）もありますが、このように差し引きをしないで、すべての支出、収入を計上する方法（これを「**総計予算主義**」と言います。）を取ることとされています（自治法210条）。

　例えば、一通の住民票の交付事務で、必要経費が1,000円、手数料収入を200円と仮定すると、純計予算主義では1,000円－200円＝800円が支出として計上されることとなりますが、総計予算主義では、1,000円が支出に、200円が収入にそれぞれ計上されることになります。

　総計予算主義の方が、全体像が明らかになるので、議会や住民のチェックの観点からも望ましい方法です。

　ちなみに、予算は一般会計のほか、次の表のような会計の予算があります。

予算の種類

一般会計予算
特別会計予算
　公営企業会計予算…水道、病院など民間の企業と同様の方法で
　　　　　　　　　　経理処理される会計
　収益事業会計予算…競輪、競馬など収益を目的とした会計
　特別会計予算　　 …国民健康保険会計など特に取り出して経理
　　　　　　　　　　することに適する会計

1年間を通して見れば

予算や決算に関連する1年間のおおよその事務の流れは、次の表のようになります。

項　目	年　度	前年度	本年度	次年度
4月初	本年度予算に基づき事業の執行開始		○	
5月31日	前年度の会計の出納閉鎖	○		
8月	前年度の決算書の作成、行政評価	○		
9月	本年度予算の補正		○	
10月	監査委員による決算の監査	○		
11月	議会が決算を認定	○		
12月	本年度の補正予算		○	
2月	次年度予算案の作成　議会への送付			○
2月	2月議会開会　本年度の補正予算		○	○
3月	次年度予算案の議会での審議			○
3月末	議会で議決、予算の成立			○

　自治体の職員は、本年度の予算の執行を行いながら、前年度の決算を行い、また、次年度の予算のために新しい政策を考えるという3ヶ年の仕事を同時並行的に行っています。

　とはいっても、各年度の仕事は有機的に関連していますので、前年度の仕事の反省のうえに立って、次年度の予算を考えるといった形態になります。

予算の議決と決算の認定は議会の重要な仕事

　102頁で議会の議決事項を説明しましたが、その中でも予算の議決と決算の認定は、特に重要で、その審議には多くの時間がかけられます。

　予算は歳入、歳出、地方債など全体が一体として機能するものであることから、長のみが予算案を提出できます（自治法112条1項但し書き、211条）。

　議会は予算の歳出額を増やす**増額修正**や逆に、歳出額を減らす**減額修**

正をすることはできますが、長の予算の提出権を侵害するような抜本的な修正はできないこととされています（自治法97条2項）。

例えば、その自治体の税収では何年かかってもとても払いきれないと思われるような大幅な増額補正といったような例です。

また、議会が義務的経費や災害復旧経費を削減した場合などの対応については122頁の説明を見てください。

予算書はボリュームが大きいので、その場ですぐに目を通すという訳にはいかず、事前の勉強が必要ですので2月議会の開会の20日前（都道府県と政令指定都市の場合は30日前）までに議員に送付することとされています（自治法211条1項）。

現金主義

自治体の予算に関連して、もう1つ留意したいのは、現実のお金の動きに応じて予算や決算が作成されるということです。

これを**現金主義の原則**と言います。もっとも、現在は紙幣や硬貨などの現金での支払いよりも、銀行振込みや銀行口座からの自動引落しなどによる支払いが大部分を占めるようになっています。

その場合でも、現実に自治体の銀行口座などに入金された時点を基準にしていますので、現金主義と呼ばれるのです。

これに対し、約束手形など手形を決済手段とすることが多い企業の場合は支払い義務が発生した時点を基準としているため、**発生主義の原則**と言われています。

例えば、原料の供給業者に、その原料から加工した商品が売れる3ヶ月後に、その原料費を支払うという約束手形を振り出した場合、原料の供給業者が現実に約束手形が履行されて現金を手にした時でなく、約束手形が振り出された時点で収入があったものとして会計処理をするといった具合です。

この発生主義の会計処理は、自治体においても企業と業務が似ているバスや地下鉄などの公営交通、水道、病院などの公営企業会計には導入されています。

ちなみに、もう1つ民間企業の会計と自治体会計が異なるのは、企業会計はバランス・シート（貸借対照表：ある一定時点での資産と資本、負債を一覧表にしたもの）を重要視しますが、自治体の会計にはバランス・シートの概念がないということです。

というのも、バランス・シートは、ある時点で企業が仮に倒産した場合、清算後にどれだけの物が残るかを表す指標だからで、倒産という考え方自体がない自治体の会計にこのバランス・シートを導入しても意味がないからです。

もっとも、最近は自治体経営にも企業センスを取り入れようとする観点から、発生主義の会計やバランス・シートを作成しようとする動きも盛んです。

これらは、現時点では法律的に位置づけられていないので、参考資料として用いられているに過ぎませんが、将来、法律的にきちんと位置づけられるようになるのかどうか楽しみなところです。

契約

次に、実際のお金の動きを見てみましょう。私たちが買い物をする場合、一応の予算を頭に描きながら、何店かのお店を物色してお買い得なものがあったときに、店主と値段の交渉（少しまけてほしいとか）をして値段の折り合いがつく（売買契約の成立）と、その金額を支払って代わりにその品物を受け取って取引が終了します。

自治体の場合も、基本的には同様ですが、原資が税金であることから公平性の確保が強く要請されます。また、各ステップごとにきちんとチェックされるという点に特徴があります。

自治体の場合、適正な価格で必要なものを手に入れるために、原則として入札が行われます（自治法234条）。

入札とは、文字通り、金額を記載した札を入れ、その中から最も安価な金額を記載した業者を契約の相手方とする（これを落札と言います。）というものです。

もっとも、最近はe-入札、電子入札を採用する自治体も増えていま

すので、このような自治体では、札ではなく電子媒体で入札が行われています。

入札の方法は、①入札の対象業者を、広く求める**一般競争入札**と、②一定の資格や実績を有する業者に限って入札を認める**指名競争入札**とがあります。

この入札の方法が取りにくいような場合、例えば、地盤が軟弱で複雑な箇所に地下鉄の駅舎を作る場合に、それができる技術水準を満たす業者が1社しかないようなときには、その業者と契約するしか手がありませんので、入札せずに、その業者と直接契約します。

これを、**随意契約**と言います。

入札についての最近の動き

最近は、国際化の波が自治体にも及び、WTO（世界貿易機構）との関連で、都道府県や政令指定都市にあっては、契約の予定価格が一定額以上の場合は一般競争入札によらなければならない取り扱いとされています。これは、外国企業のわが国への参入をより容易にするための措置です。

また、コンピュータなどの電子機器のように一度使用すると運用や更新など引き続いてその業者のものを採用し続けなければならないなどの事情から、当初は経費割れでも低い金額を提示する業者もいます。俗に1円入札と言われる問題です。

そこで価格だけで契約の相手方を決めるのではなくより総合的に決定することができるように最低制限価格、再度調整などの制度を採用する自治体もあります。

入札は、業者間の競争が適正に行われることによって、より良いサービスがより安い価格で提供されることに意味がありますので、適正な競争を妨げるような行為、例えば業者が集まって競争せずに話し合いで高い価格で入札するような例（これを**談合**と言います。）には、刑罰が科されます（刑法96条の6第2項）。

また、奇妙な話ですが政治的思惑からか、この業者の談合に自治体の

長や職員が主体的に関与するケースがあります。これを防止するために、平成14年に入札談合等関与行為の排除及び防止に関する法律（俗に**官製談合防止法**と言われています。）が制定され、談合に関与した長や職員に懲戒処分が課されることとなりました。

会計事務

　自治体は、契約に基づき、工事請負代金や売買代金を支払う義務（これを債務と言います。）が生じます。この債務があることを確認し、さらに現実の履行がなされたかどうかを確認したうえで、現実のお金の支払い（実際には銀行振込みの手続き）が行われます。

　こうした現実のお金の受け取りや払い出しに関する一連の事務を**会計事務**と言い、土木部や農林水産部、商工経済部といった実際に事業を行っている部局（これを事業部と言います。）とは別に、各ステップで客観的、かつ、厳正なチェックが必要とされます。

　このため、長の執行機関の一部ではありますが、事業部局の長（部局長）とは別のラインに位置する会計管理者が、自治体の職員のうちから長によって任命されます。この会計管理者のもとに会計事務を行う部局（例えば会計課など）が置かれることとなっています（自治法168条～171条）。

会計事務を担当する職員の責任は大きい

　例えば、会計担当職員が、請負工事の完成を確認せずに、あるいは、文具の納入を確認せずに、代金を支払ったところ、業者が工事未完成のまま、未納入のまま倒産したような場合、新しい業者が代わって完成するにしても、余分の経費がかかってしまい、結果として自治体に損害を与えることとなります。

　こんな場合には、自治体から、故意又は重大な過失で（上の例の場合はちゃんと完成したかどうかを確認しなかったという重大な過失で）その支出をした職員に対し、自治体の損害の全部又は一部の弁償を求めることとなります。これを職員に対する求償権の行使と言います。

この職員に対する**求償権の行使**は、会計事務担当職員だけでなく、その他の職員にも行われます。

　例えば、警察のパトカーが犯人の車を追跡中に、赤信号の交差点で別の車と衝突してしまったような場合、別の車の被害者には都道府県が損害賠償しますが、県から事故を起こした警察官に求償するには、その警察官に故意又は重大な過失がある場合とされています（国家賠償法1条2項）。ちょっとした過失では求償されないのです。

　ちょっとした過失の場合に求償しないこととしているのは、ちょっとした過失でも求償することとすると、職員が臆病になって思い切った行政をしなくなる弊害（上の例で言えば犯人を真剣に追いかけなくなるおそれ）があるためです。

　ただし、会計事務担当職員が現金を取り扱っている場合には、そのような弊害が考えられず、また、公金という大切なものを扱っていますので、ちょっとした過失でも求償することとしています（自治法243条の2）。

支出の留意点

　次に、支出について注意すべき点を見てみましょう。政教分離の原則から、宗教上の行事などに支出できないことは、先に説明したとおりです（50頁）。ただし、元は宗教行事であっても現在は宗教色が全くなく、単なる儀礼となっているようなもの、例えば、庁舎の玄関をクリスマスの時期に、ポインセチアの花で飾ったり、お正月に門松を立てたりするようなことは認められています。

　また、補助や寄附をする場合は、公益上必要がある場合に限って行わなければならない（自治法232条の2）とされています。

　さらに、違法な支出や不当な支出については、住民監査請求の対象となることがありますが、これについては163頁で説明します。

4　民間活用による効率化

ここがポイント

　より効率的な自治体運営を行うため、民間活力の活用が図られてきましたが、特に最近、多くの自治体がその活用に工夫をこらし、その多様化とスキルアップに努めています。それを後押しするため、地方自治法が改正され、学校、病院、美術館などの公の施設に指定管理者制度が導入されたり、PFI法によって、PFI手法が新設されたりしています。

　また、公認会計士など外部の専門家に監査を依頼する外部監査制度も認められるようになりました。

アウトソーシング

　先に見たように無用な経費や無駄な経費を支出した場合も住民監査請求の対象となります。この制度があるために自治体の行政が効率化されたことは、この制度がない国の行政の無駄、雇用年金事業団のグリーンピア事業やほとんど通行車両のない地域の高速道路建設などの国費の無駄遣いの実例を見れば、一目瞭然と思われます。

　こうした無駄な経費の支出の抑制からさらに1歩進めて、多くの自治体が民間のノウハウや人材、資金力を活用することによって、より一層の経費の効率化を図ろうと努めています。

　それが、最近脚光を浴びてきている**アウトソーシング**で、"Out"（外部から）"Sourcing"（調達すること）という言葉から連想できるように、自治体の"Core"（核心）、"Competency"（能力）以外の部分に民間の活力を活用し、民間から調達することを目指したものです。

　そのルーツは、英国のサッチャー首相の行政改革CCT（Compulsory Competitive Tendering：官民強制入札制度）、俗に**市場化テスト**と言われるもので、「民」で対応可能かどうか見たうえで「民にできることは民に」といった考え方です。

　実は、日本の自治体は、従来から民間活力の活用に努めてきており、ごみ収集の業務委託などは、40年以上の歴史があります。

このように、従来からの手法に最近の新しい手法をあわせ、アウトソーシングと言われているものを表にすると、次のようになります。

手　　法	法制度など	具体例
(1) 業務委託	従来から可能	ごみ収集等
(2) 公設民営	児童福祉法など	保育所等
(3) 企業会計の適用	地方公営企業法	公立病院等
(4) 指定管理者	地方自治法	公の施設
(5) PFI	PFI法	公共施設等
(6) 地方独立行政法人	地方独立行政法人法	公立大学等
(7) NPO	NPO法	まちづくり等
(8) 構造改革特区	構造改革特別区域法	教育特区等

また、自治体の中には、住民一人ひとりの協力もアウトソーシングの1つで経費の効率化に繋がると位置づけるところもあります。例えば、ごみの分別収集に住民が協力することによって、リサイクルできるごみが増え、焼却しなければならないごみが減るため、ごみ焼却施設の新増設が抑えられ、経費の効率化になるといった具合です。

公の施設の運用の効率化

学校や病院、市民センター、美術館など広く住民の利用を目的として建設される自治体の建物を「**公の施設**」と言います（自治法244条）。

公の施設として、地方自治法がわざわざ取り出して規定しているのは、広く住民が利用する施設であるため、その利用関係を①条例で規定する、②正当な理由なくその利用を拒否しない、③不当な差別的取扱いをしない、④独占的な利用には議会の議決を要するなどのことを規定するためです。

この公の施設の概念は、町や村に皆が集まれる公民館が1つしかなく、代替施設がないような貧しい時代のものです。

そうイメージすると、公の施設に関する地方自治法の規定が非常に理解しやすくなります。

例えば、上記③の不当な差別的取扱いの禁止すなわち「平等使用の原

則」は、1つしかないのに、偏って不平等に使われたのでは困ることから、また④の長期使用の場合に議会の議決を要するとしているのは、1つしかないのに、誰かに長期的に独占して使用させるとすると、問題が生じるのでちゃんとチェックする必要があることからです。

現在は、豊かになり、公民館以外にも市民センターや教育会館、ホテルの会議場や集会施設など公共、民間といくらでも代替できる施設がありますので、筆者自身は、個人的には公の施設の概念を残しておく必要はないと思っています。

また、公の施設については、(1) 政治的な利用 (2) 暴力的な利用など条例に規定されている理由以外はその利用を拒否できないとされており、従来はその利用拒否に正当な理由があるかどうかが争われた事例が多く、また、それが大きな関心事でした。

しかし、最近は公の施設の建設、運営全般を通じての効率化が課題となっています。

このため、PFI的な手法による建設、指定管理者による経営などへの道が大きく開かれています。

PFI的な手法

PFIとは"Private Finance Initiative"の略で民間資金等活用事業のことで、1992年のイギリスを発祥の地として世界に広がった手法と言われています。

この**PFI手法**は、公の施設のみならず、広く住民の使用を目的としない農業試験場などの研究施設、庁舎など主に研究者や職員の使用に供される施設（これを公用施設と言います。）の建設にも活用されていますが、便宜上ここで説明します。

PFI手法のポイントは民間の資力やノウハウを活用するという点で、一般的には次のようなシステムです。
(1) 設計、建設、運営、管理の各社が集まって特定目的会社（SPC：Special Purpose Company）を創ります。
(2) 特定目的会社が運営、管理などソフト面を考えて、施設を設計し、

自ら資金調達して建築します。
(3) 特定目的会社が次に説明する指定管理者に指定されて、運営、管理を行います。
(4) もともと、自治体の施設ですので、基本的には所有権が自治体に移転されますが、その移転の時期によって、次の3つのパターンがあります。
　①その施設を特定目的会社が所有したままで運営し、契約期間（20年前後が多いですが、10年、30年というのもあります。）終了後自治体に所有権を移転（BOT：Build Operate Transfer）
　②いったん自治体に所有権を移し、特定目的会社が運営（BTO：Build Transfer Operate）
　③特定目的会社が所有権を保有したまま運営（BOO：Build Own Operate）
(5) 特定目的会社は民間企業ですが、通常の民間企業のように倒産してしまうと、住民の利用施設としての役割を果たせなくなって困りますので、そうならないように、銀行などの金融機関が、運営の実態をモニターします。そして、運営が成り立たなくなりそうと判断すると、改善措置を求めたり、別の運営会社をあっせんしたりします。
(6) 資金の償還については、スポーツ施設のようにその施設を利用する住民の使用料で償還していく（独立採算型）というのが原則ですが、小中学校のような施設の場合は使用料で償還していくことは不可能ですので、毎年一定額を自治体が特定目的会社に支払い、それを原資に特定目的会社が償還していく（サービス購入型）ものもありますし、上の2つの方法を合わせて償還していく（ジョイント・ベンチャー型）ものもあります。
　PFI手法のメリットは、次のような点にあります。
　①民間企業が主体的に参画するため、民間の知恵や工夫が発揮しやすいこと
　イギリスの刑務所の例ですが、高い塀や重くて頑丈な扉に代えて、

ITを活用した塀や扉にしたため、建設費が大幅に安くなったという事例があり、わが国でもこれにならって数ヶ所の刑務所がPFI手法で建設、運営されています。

②設計から運営までを特定目的会社が行うため、より効率的な運営ができること

病院の例ですが、初めから動線や満足度を考えて設計するため、患者の動線のみならず医療スタッフの動線や医薬品、支払いの流れが良くなり、患者の満足度も高くなった事例があります。

また、図書館では図書の検索から貸し出し、返却の流れが大きく改善され、快適度も高くなった事例もあります。

③民間企業が創意工夫するため、より安くなること又はサービスがより良くなること

このより安く又はよりサービスがよくなった部分をVFM：Value For Money（お買い得）と言い、このVFMが出るかどうかがPFI手法によるか従来の公共事業の手法によるかの判断の基準と言われています。

逆に、デメリットは、次のようなものと言われています。

①多数の企業が参画するため、よいコーディネーターがいないとオール無責任体制となったり、無駄が生じたりすること

②複雑なシステムとなるため、立ち上げるまでに時間がかかること、また、金融機関のモニタリングなどのために自治体が金融機関と直接締結する直接協定（DA：Direct Agreement）の策定など手続きが複雑で事務が大変なこと

③システムを作るためアドバイザー料金、VFM算定経費、フィージビリティスタディ（実現可能性調査）の経費、リーガルアドバイザー経費などがかかること

このため、民間の創意工夫の余地の少ない案件や余りに小額な案件はPFI手法に向いていないと言われています。

最近は、日本流にアレンジされて、DBO（Design Build Operate）や改修のみのPFIなど手軽な形態のものが増加してきています。要は

民間の創意工夫が発揮され、公の施設のサービスが改善され、経費の効率化が図られるものであればよい訳で、それぞれの自治体にあった手法でよいと思われます。

ちなみに、PFI については、民間資金等の活用による公共施設等の整備等の推進に関する法律、いわゆる PFI 法が根拠となっています。

指定管理者によって民間の知恵で運営

平成15年に地方自治法が改正され、公の施設の管理を直営又は**指定管理者**のいずれかで行うこととされました（自治法244条の2）。

指定管理者は、民間企業、公益法人、NPO 法人、町内会などの団体の中から自治体によって指定されます。団体であれば、権利能力のない社団でも単なる親睦のクラブでも対象となりますが、個人は対象となりません。指定管理者という言葉からは個人のようにみえるのに、何だか変ですね。

指定管理者の指定に当たっては、議会の議決を経なければならず、また、指定には期間を設けることとされています（自治法244条の2）。

指定に先立って公募により広く門戸を開くことによって、より良い管理者を選ぶことが可能となりますが、公募しなければならないと法律で定められている訳ではありません。

施設によっては、①一般公募になじむもの、②一定の条件を満たす団体に限って公募を認めるもの、③公募になじまないものがあります。

もちろん、先に説明した PFI 手法で建設された施設については、建設、運営、管理を一体として考えるという PFI の趣旨から建設を担当した特定目的会社（SPC）が指定管理者に指定されるケースが一般的ですが、広く公募して別の団体を指定することも可能です。

利用料金制

この指定管理者の制度は、民間の知恵を生かしてサービスを改善しようとするものですので、できるだけ工夫の余地が広くなるように、指定管理者には大幅な権限が与えられています。

その最も大きなものは、議会の議決を経て、使用料を自ら決めることができ、集めた料金を自らの収入にできるということです。自分の収入にできるということで、サービスをより良くして利用者を増やそうというインセンティブ（意欲）が働くこととなります。また、議会の議決を要するとすることで、不当に高い料金となることを防止することができる訳です。
　また、指定管理者は施設の開館時間やサービスの仕方を主体的に決定することができ、さらに住民以外の者の利用を認めるかどうかなどについても決定する権限を持っています。
　実際に、図書事務に精通したNPOが指定管理者となって運営を行っている図書館の例では、ボランティアを活用することによって開館時間を午後10時まで延長し、利用者の便宜に資するとともに、ITを活用して検索、貸し出し、返却サービスを大幅に改善しています。

行政財産の流動化

　このような民間手法の導入は、自治体の財産管理にも大きな影響を与えることとなりました。自治体の財産は、次のように分類されます。
1　行政財産
(1) 公用物…庁舎、農業試験場、自治研修所など専ら自治体の職員が使用する施設
(2) 公共用物…市民会館、学校、図書館、美術館など住民の利用を目的とする施設
　　この公共用物の多くが「公の施設」となります（157頁参照）。
2　普通財産
　廃校にした学校の建物、用地や廃止した市町村道の跡地などの公用、公共用に使っていない財産
　このように分類した上で、売買や抵当権といった私権の対象となるのは、2の普通財産に限られ、1の行政財産には、私権の設定はできないとされていました（自治法238条の4第1項及び238条の5第1項）。
　地方債のところでも説明したように、小学校を建設するために地方債

を発行する場合でも、その担保となるのは、将来の課税権であって、小学校の建物が抵当権などの担保に取られることはないのです。

この意味で、すっきりと分かりやすく分類されていたのです。

ところが、PFI手法が導入されることによって、様相が一変します。

民間企業は、本能的に、工場を新設する場合であれ、ショッピング・センターを建設する場合であれ、初期の設備投資額をできる限り低く抑えようとします。それによって、将来の金利負担を抑え、製品価格や商品価格を低くし、ライバル社に勝とうとします。

そのために、工場用地やショッピング・センター用地の底地を売却します。

この底地を購入する企業は、もう既に土地の上には工場やショッピング・センターが立って操業や営業を行っているため、一見メリットがないように見えますが、儲かりすぎて資金に余裕がある場合、底地を購入することによって利益を圧縮し、法人税負担を少なくすることができるというメリットがあるのです。

このため、底地の売買は民間企業ではよく行われる手法で、「不動産の流動化」と呼ばれています。

PFIで造った施設についても同様のメカニズムが求められます。また、そうすることによって、例えばPFI美術館については、その入館料を低くすることができるといったメリットが生じます。

そこで、地方自治法の改正が行われ、従来は私権の対象となり得なかった行政財産についても、「用途又は目的を妨げない限度において」貸付けなど私有権の設定が認められることとされました（自治法238条の4第2項～9項）。

住民監査請求

自治体のお金（公金）の使い方について、住民の側からのチェック機能を果たすための大変に有用なシステムに、住民監査請求制度があります。

これは、自分の利害に関係するものでなく、住民として自治体の公金

が公正に使われているかどうかをチェックしてくださいと監査委員に請求するものですので、
(1) 住民であれば、一人でも
(2) 違法な支出のみならず、不当な支出についても
(3) 本来、徴収すべき料金を徴収しないなど、不作為（怠る行為）についても
(4) 行為の時から1年以内に
(5) その事実を証する書類を添えて
監査委員に監査を請求することができます。

なお、(5)の書類について、事前に情報公開制度により情報を得ておいて、それを利用すれば説得力のある請求が可能となります。

この請求に対して、監査委員が是正の勧告など必要な措置を取らなかった場合は、さらに、裁判所に住民訴訟を提起することができます。

ただし、三権分立の観点から、違法な支出や怠る行為についてに限られ、不当な支出や怠る行為については訴訟の対象とすることはできません。そこまでやると司法の領分を超えてしまうからです。

この住民監査請求・住民訴訟によって、カラ出張、カラ超勤、カラ報償費などの実態が明らかになって、是正されたり、政教分離原則に反する支出が是正されたりしたことは、既に説明したとおりです。

4号請求権と請求権放棄の議決

不正な公金支出や怠る事実については、それを是正することによって完結する事案もありますが、なかには、既に支出済みで支出先も倒産している事案のように自治体に損害を与えており、是正のみでは不十分なケースがあります。

このような場合、その支出の責任者（支出命令を行う長など）に、自治体が損害賠償を請求するようにと要求する訴訟があり、4号請求権と呼ばれています。

4号請求権と呼ばれるのは、地方自治法242条の2第4号に規定されているからです。

少し、旧聞に属しますが、住民訴訟の最中に、例え住民が勝訴しても、自治体は損害賠償請求権を行使しないと権利放棄を議決する自治体が現れました。
　この権利放棄の議決に対して、権利放棄を認めると、裁判所に対して、失礼であるし、さらに、この訴訟制度の意義が没却される、いや、それでも、自治体の団体意思としての議決を尊重すべき……
と随分と論議を呼んだものでした。
　現在では、権利放棄の議決は基本的に議会の裁量に委ねられるが、支出の内容や議決の経緯などの要素を考慮して不合理な場合は違法となる（最高裁平成24年4月20日）と判断されたことにより、一応の決着がつけられました。

外部監査

　自治体の財務運営が公正で効率的なものとなるようにチェックするため、執行機関の一部として監査委員が設置されていること、監査委員は財務監査のみならず行政監査も行えるようになったこと、住民の監査請求に基づいて監査委員が監査できること、また、監査委員の監査は違法かどうかのみならず不当かどうかについても及ぶことは、既に説明しました。
　この監査委員による監査のほか、平成9年地方自治法が改正され外部に監査を依頼する**外部監査制度**が導入されました。
　この2つの監査のシステムは、ちょうど、監査委員が掛かり付けのホームドクター、外部監査が外部の専門医のようなものです。
　外部の専門医がその専門性から病気を発見したり、慣れ過ぎてホームドクターが見逃していた病気を新たに発見することがあるように、外部監査もその専門性や外部の新鮮な目から自治体財務の問題点を発見できることを期待して新設されたのです。
　そのシステムは、公認会計士、弁護士、国などでの会計検査経験者など外部の専門家と監査契約を結んで監査を受けてその結果を報告してもらうもので、1年間契約してその間随時監査を行う包括監査契約と個別

事案ごとに監査を行う個別監査契約の2つの種類があります。

その監査の結果については長に報告されるとともに、広く住民に知らせるため、監査委員を通じて公表されます。

監査についても民間のノウハウを活用している訳で、監査のアウトソーシングとも言えます（自治法252条の27〜252条の46）。

◤ 職員の経営感覚も大切

以上説明してきたように、平成になって自治体行政に民間のノウハウ、資金などが活用されるようになってきましたが、最近はこれに加えて、民間の経営感覚を自治体の組織に取り入れ、職員の意識改革を図るところも出てきています。

例えば、自治体の組織を経営主体として捉え、経営本部（従来の商工部及び企画部）、経営支援本部（従来の総務部）などに改組したり、ワン・ストップ・サービス組織を立ち上げ、企業からの要求は、工場用地の取得、工場建設、従業員募集から税務相談に至るまで1つの窓口で対応したりといった具合です。

また、地場産品のPRや販売を行ったりするアンテナ・ショップの設置やそれを支援するための地場産品販売促進公社や首都圏戦略本部の設置なども盛んになってきています。

また、そうした部署で勤務する職員も民間企業の営業、企画、広報の担当者のような人が多く、自治体職員にも経営感覚が浸透しつつあるように思われます。

江戸時代から PFI

　フランスに天空に架ける橋と呼ばれるミヨー橋があります。山脈を繋ぐ橋で山の緑と空の青さに橋梁の白のコントラストが鮮やかで大変に美しい橋です。この橋は民間の業者がフランス政府の許可を得て、自己資本で建設したもので、通行料を建設費や維持管理費に充てています。

　この手法はコンセッション（権限付与）と呼ばれる手法でフランス流のPPP（Public Private Partnership：官民協働）、PFI です。

　橋を含め道路体系をどのように構成するかは、国や自治体にとって重大な関心事ですので、公共的な見地から判断して OK となれば、その橋を建設する権限を民間企業に与えるというものです。

　実は、同様の方法はわが国でも江戸時代に行われていたのです。大阪の天満橋、高知の播磨屋橋などがそれで、天満屋や播磨屋などの豪商が商売に便利なように、大阪では奉行（西町又は東町奉行）の、高知では土佐藩の許可を得て建設したもので、商売用だけでなく一般の人々の通行も認めていたのです。大阪は俗に八百八橋と言われますが、そのほとんどが豪商の手で造られたと言われています。また京都では橋の欄干にギボシのあるのが公儀が造った橋（三条大橋や五条大橋）、ギボシがないのが商人が造った橋（四条大橋）と言われています。

　PPP についてフランスやイギリスに学ぶのも大切ですが、私たちの先祖の知恵に学ぶのも一興です。

7章 ルールづくりは自らの手で ―条例制定のしくみ

1　私たちの行動を規制しているルールの種類と役割

ここがポイント

　条例は、私たちを取り巻くルールの1つで、自治体の議会の議決を経て制定されます。
　私たちの権利を制限したり、私たちに義務を課したりする場合には、法律又は条例によらなければならないとされています。このように必ず条例又は法律で規定しなければならない領域のほか、自治体の重要な事項についても条例で規定されます。近年は、地方分権の進展により、従来法律で規定されていた事項が条例で規定されるようになるなど条例の規定対象が急激に拡大しています。

▍法源

　私たちの日常生活は、意識するとしないとに関わらず、実に多くのルールに取り囲まれています。「人を殺してはいけない」（刑法）とか「借金は返さなければならない」（民法）とかの社会生活を営むうえで必要不可欠である基本的な決まりのほかに、自治体に関係する多くのルールがあります。

　例えば、子供たちを守るための青少年健全育成条例、地方税に関する地方税条例、自治体の活動で損害が生じた場合の損害賠償のルール（国家賠償法）、選挙の際の投票のルール（公職選挙法）、また、先に説明したように自治体は宗教行事に公金が支出できないというルール（憲法）もあります。

　このようにルールを定めているもので、裁判などの際にそのルールに基づいて判断しなければならない規準を定めているものを**法源**と言いま

す。

　法源は、明文の規定となっている**成文法**と慣習など明文になっていない**不文法**とに分かれます。

　わが国の場合、成文法は、次の表のようになっています。

　その特徴は、整合的、体系的になっていることで、

（1）優先順位が明確となっていること
（2）矛盾しないように調整されていること
（3）調整されていないときでも
　①「**後法は先法に優先する**」
　②「**特別法は一般法に優先する**」

といったルールがあることで数多いルールが衝突したり、矛盾したりしないようになっています。

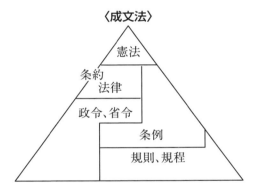

　このうち、憲法は、わが国の最高法規（憲法98条）で国の基本（司馬遼太郎さんの言葉を借りれば「この国のかたち」）を規定するものです。

　それ以外の法源は、法律であれ条例であれ、憲法の規定に違反することはできません。仮に、違反している場合は無効となります（極めてまれな例ですが、無効にすることによる影響が大きすぎるようなケース（全選挙のやり直しや区画整理事業の換地のやり直しなど）では、諸般の事情を勘案して、違憲・違法だけれども無効としない事情判決が認められています（行政事件訴訟法31条）。）。憲法81条は「一切の法律、命

令、規則又は処分が憲法に適合するかしないかを決定する権限」を最高裁判所に与えています。

これを**違憲立法審査権**と言います。

この憲法81条は、自治体の条例や規則などについて文言上は直接規定していませんが、裁判所の審査権は条例や規則などにも及ぶと解されています。

条約は、国と国との取り決めで、その効力は憲法と法律の間に位置する（**憲法優位説**）と解するのが通説です。

この成文法のほか、慣習法や法の一般原則（平等取扱いの原則、比例原則など）といった不文法も行政の判断基準や裁判の基準として使われています。

侵害留保の原則

このように数多くあるルールのうち、私たちに義務を課し（例えば、地方税の納税の義務を課し）、あるいは、権利を制限し（道路をデモ行進する権利を制限し）たりするルールの場合は、法律又は条例でなければならないこととされています。

これを「**侵害留保の原則**」と言います。学者によっては、この侵害留保に加えて義務を課したり権利を制限するものでなくても重要な事項については法律又は条例によらなければならないとする「**重要事項留保説**」を唱える人もいます。

さらに、極端な学者になると、すべてのルールは法律又は条例によらなければならないとする「全部留保説」を唱える人もいます。さすがに、ここまでくると行政が硬直化して現実離れしてきますよね。

現在は、重要事項留保説が通説で、また、現実の行政も重要事項留保説により行われています。

法律又は条例によれば、義務を課したり権利を制限したり、重要な事項を定めたりすることができるのは、法律又は条例が、私たちが選挙で選んだ議員が国会や議会で審議のうえ制定されるからです。

いわば、私たちの代表が私たちに代わって私たちに関わりのあるルー

ルを決めるからです。

　なお、自治体が私たちの暮らしに関わる条例を制定することができることについては、憲法94条が、自治体は「法律の範囲内で条例を制定することができる。」と規定し、これを受けて地方自治法14条が「法令に違反しない限りにおいて……条例を制定することができる。」と規定していることからも明らかです。

◤ 条例でどこまで規定できるか

　条例は、自治体が自ら決めるルールですので、およそその自治体の地域の事務であれば、自治事務であれ、法定受託事務であれ、条例で規定することができます。

　自らの事務である自治事務について、条例で規定できるのは当然ですが、国や他の自治体から受託した法定受託事務についても、条例で規定することができるとされています。

　ただし、憲法94条が「法律の範囲内で条例を制定することができる。」と規定し、さらに、地方自治法14条1項が「法令に違反しない限りにおいて第2条第2項の事務（地域における事務など）に関し、条例を制定することができる。」と規定していることから、法律との関連で条例がどこまで規定できるのかが問題となります。

　結論的に言えば、条例で規定できる領域は、年々拡大してきており、現在では法律がはっきり条例での規定を認めていない（そう解釈される場合を含みます。）領域、例えば、刑罰体系を定めたり、金融システムを定めるように全国一律に定めなければ意味のないものを除いて、ほとんどの事項を条例で規定することができると解されています。

◤ 条例で規定できる領域拡大の経緯

　条例で規定できる領域の拡大の経緯は次のようになっています。
(1)　戦後～昭和30年代──法律優先時代
　この時代は、条例で規定できる領域は極めて限定的と解されていました。

例えば、戦後各地の自治体が「売春禁止条例」を制定していましたが、昭和31年に売春防止法が制定されると、各自治体の条例はその効力を失うこととされました。

また、ため池の決壊などを防止するために堤防の植栽などを禁止した「奈良県ため池条例」が「財産権の内容は……法律でこれを定める。」と規定している憲法29条に違反するのではと争われました。つまり、財産権の制限を法律であればともかく、法律でない条例で制限することができるのかが争われたのです。この争いは最高裁にまで持ち込まれました。最高裁は**「奈良県ため池条例」**自体は合憲と判断したものの、条例で財産権を制限できるとまでは明言しませんでした（最大判昭和38年6月26日）。

(2) 昭和40年代、50年代——条例の自己主張時代

昭和36年から始まった日本の高度経済成長のひずみ、影の部分である公害が深刻な問題となり、各地の自治体で公害防止条例が制定されました。昭和45年になると、国の方でもようやく重い腰を上げ、多くの公害対策関連法律が策定されました。

そこで、問題となったのは、大気汚染にしても水質汚濁にしても、地形によって影響が異なるのではないかという点で、例えば、空気がこもりやすい盆地や海流の対流の起こりにくい海域や工場が林立し複合汚染が起こりやすい地域など地域の特殊性を考慮せずに、全国一律に基準を定めて良いかという点でした。

国が全国一律で定めたため、各地の自治体で国の基準より厳しい基準を定めたり（この条例は国の基準よりさらに厳しく基準を上乗せしているので**「上乗せ条例」**と呼ばれています。）、国が規制の対象としていない項目を付け加えて規制したり（この条例は、国の規制の対象項目の横に独自の品目を規制対象に付け加えていますので、**「横出し条例」**と呼ばれています。）するなど独自の対応をしました。

当時、このような「上乗せ条例」や「横出し条例」を果たして制定することができるのかという点が随分と論議を呼びました。

この論争に終止符を打ったのが、**徳島市公安条例**についての最高裁判

例で、国の法令と条例との目的が異なるときや、同一の目的でも「国の法令が必ずしもその規定によって全国的に一律に同一内容の規制を施す趣旨ではなく、それぞれの普通地方公共団体において、その地方の実情に応じて、別段の規制を施すことを容認する趣旨であると解されるときは、……条例が国の法令に違反する問題は生じえない」と判示しました（最大判昭和50年9月10日）。

　現在では、法律が明確に禁止している場合を除き、「上乗せ条例」や「横出し条例」を制定することは、何ら問題ないと解されています。

(3) 昭和60年代、平成初め──法律条例併存時代

　昭和60年代に入ると、一部の自治体には情報は住民の共有財産であるとの観点から、住民に権利として情報公開請求権を認める情報公開条例を制定する動きが活発になってきました。

　さらに、平成に入ると、英米諸国の"New Public Management"の**手法**にならって、行政に経営感覚を取り入れるため、行政評価条例を制定する自治体が増えてきました。

　その後、国のほうでも、自治体の動きにならって、情報公開法や行政評価法が制定されました。先に説明した昭和30年代と異なって、法律ができたからといって自治体の条例が失効するのではなく、法律は国のみを対象とし、条例は自治体のみを対象とするという形で棲み分けることとなりました。

　いわば、自治体が先導した後で国が追随し、法律と条例が併存するという形です。

(4) 平成10年代──条例優先時代

　平成になってから、自治体の条例が急増していますが、それは、次のような要因が相互に関連しあったことによるものと思われます。

①地方分権の進展や構造改革特区制度で自治体の自由度が増加

　地方分権の進展で自治体に権限と財源が来ましたので、従来ですと、極端な例ですが「これは、国の仕事で自治体の権限ではありません。」「住民の皆さんのお気持ちはよく分かりますが、予算がありません。国から補助金が来たら考えます。」などと言って逃げていたような問題に

ついて、正面から地域の課題として条例を作って対応せざるを得なくなりました。一方、構造改革特区制度で自治体が従来やりたかった仕事ができるようになりました。それに関連する条例も増加しています。

 （例） 子ども条例、朝ごはん条例
     安全なまちづくり条例、タバコのポイ捨て禁止条例
     景観条例、廃棄物処理に関連する条例
     地場産業を振興するための条例

② NPM（New Public Management）手法の導入

また、英米諸国を発祥とする経営感覚を重視したNPMの手法を積極的に取り入れる自治体が増え、それに関連した条例が策定されています。

 （例） 行政手続条例、行政評価条例

③住民と協働

まちづくりNPOなど住民と協働してまちづくりに取り組もうとする自治体も多くなり、住民参加を制度化する条例が増加してきています。

 （例） 住民参加条例、住民投票条例、パブリック・コメント条例、住民基本条例

さらに、政策法務ということで、条例策定が推奨され、自治体の条例策定能力が向上したことも条例の急増に貢献しています。

(5) 平成20年代——地域特性発揮の時代

平成20年代に入ると、

①第2次地方分権改革で、法令の義務付け、枠付け規定の廃止・縮小が行われ、従来法律で規定されていた事項が条例で規定されるようになりました。

（地方自治法に規定されていた議会の定例会の回数が廃止され、条例で規定されるようになった例など）

②さらに、第2次地方分権改革で、法令の基準をベースに、地域の特性に沿った基準を条例で定めることができるようになりました。

もっとも、法令の基準から全く自由にという訳でなく、法令基準のしばりの強弱に応じて、①従うべき基準、②通常よるべき基準、③参酌す

べき基準の3種類のパターンで、条例で定めることとされています。
　（標識のサイズを条例で縮小し、地域の景観を阻害しないようにすることができるようになった例など）
③また、地域性に応じた特例を条例で定めることができると、法律自体が規定するような法律が出てきました。
　（建築基準法、大気汚染防止法の例など）
④一方で、地域おこしや地場産業振興をはじめとする地域独自の課題に対応するための条例も積極的に制定されるようになってきました。
　分野別に、例を見てみますと
- 地域おこし
　（地酒で乾杯条例、おにぎり条例、日本一の鳥取砂丘を守り育てる条例など）
- ニッチ的な領域
　（資源ごみ持ち去り禁止条例、建築主と近隣住民との話合いの場づくり条例など）
- 地域課題への積極的対応
　（空き家管理条例、水源地保全条例、受動喫煙防止条例、暴走族絶滅条例など）
- 他の自治体とのタイアップ
　（国の暴力団対策法にタイアップした都道府県、市町村の暴力団排除条例など）
- 防災関連
　（避難路確保のための条例、活断層上の建築物制限条例など）

など、実に様々な条例が作られるようになってきました。まさに、条例の百家繚乱時代です。

対象領域	法律	条例
全国一律に定めるもの	○専属	×
全国一律だが、地域の特殊性あるもの	○	○（上乗せ、横出しなど）
行政手続法、行政手続条例など並存型	○	○
地域の事務	△自治尊重	○

2　条例の効力など

> **ここがポイント**
>
> 　条例の効力は、その自治体の区域に限られますが、近年、企業の経済活動の広域化や住民の社会生活の広域化に伴い、区域を越える事項、区域の境界に関する事項についても規制する条例が増加しています。
> 　また、条例で、その条例に違反した者に対し、2年以下の懲役若しくは禁錮、100万円以下の罰金などを科することができることとされています。

区域内が原則

　条例の効力は、原則として、その自治体の区域に限られます。特に、住民に罰則や義務を課したり、権利を制限したりするような場合は、その区域に限られます。

　自治体の3つの構成要素、住民、区域、自治権（75頁）を説明しましたが、自治権の具体的な表れである条例の対象が原則としてその自治体の住民、区域となるのは当然の論理の流れです。

　もっとも、最近は生活領域が広がり、住所を有する自治体とは別の自治体にある職場、学校に通勤、通学したり、別の自治体にショッピングに行ったり、音楽鑑賞に行ったり、といったことも日常茶飯事となってきています。自治体の方から見ても、ごみ処理や水道水の供給など自治体のサービスを受けるのは、住民のみならず、例えば隣町から通勤、通学している人々にも及びます。そこで、住民以外に通学、通勤したりしている者にも自治体行政について意見を求めるパブリック・コメント条例など、新しい条例の中には、相手方に利益を与える受益行政に限りますが、区域に捉われないものも増えてきています。

　また、従来からある制度ですが、役場の**区域外設置**（鹿児島の離島群の町で、各島と鹿児島市との定期航路はあるものの、各島間の連絡航路がないので、面積の大きな本島に役場を置くよりも鹿児島市に置いた方が便利なので役場を区域外に設置した例があります。）や公の施設の区域外設置（例えば、筆者が住んでいる世田谷区では、子供達の体験学習

施設を自然が豊かな群馬県の川場村に設置しています。）などが制度として認められていました。このような場合は区域外ですが、その役場や施設に着目して関係の条例が策定されます。

最近は通勤、通学圏の拡大に伴い、区域外に役場の分室を設置してサービスを行う自治体もあり、埼玉県のパスポートセンターが東京都に置かれていたこともありました。

さらに、県外産業廃棄物の搬入に関する条例のように、県の境界線で県外から搬入される産業廃棄物を規制することによって、間接的に県外の産業廃棄物業者の行動を規制しようとする条例などもあります。

条例で罰則を定める

条例に従ってもらうために、最も効果的な方法は何でしょうか。

それは、条例に違反した者に対して、懲役（刑務所に入れて、労役を課すること）や罰金（罰として一定の金額を納めさせること）といった刑罰を科することでしょう。

このため、地方自治法は、条例に違反した者に対し、

①2年以下の懲役、②2年以下の禁錮、③100万円以下の罰金、④拘留（30日未満）、⑤科料、⑥没収（以上の6つは非行に対して科されるもので、**行政刑罰**と呼ばれています。）又は、⑦5万円以下の過料（例えば届出を怠ったなどの手続き違反に対して課されるもので、**秩序罰**と呼ばれています。）を科することができるとしています（自治法14条3項）。

実際に青少年保護条例には「青少年に淫行をした者には2年以下の懲役」、タバコのポイ捨て条例には「タバコをポイ捨てした者には20万円以下の罰金」といった罰則規定が置かれています。

なお、この罰則の規定は、その条例の中に定めなければならないとされています。

条例で罰則を定めることができるのは、条例が私たちが選挙で選んだ議員が議決して制定するからです。従って、条例以外の規則や規程で罰則を設けることができないことは言うまでもありません。

ここで、罰則を条例で規定する際の留意点を見てみましょう。

まず、第1は、**比例の原則**を考慮するということです。

軽い非行、例えばタバコのポイ捨てに対して、重い罪、例えば2年以下の懲役では不釣合いですね。もっとも、タバコをポイ捨てした結果、より重大な事態を招くケースがあります。例えば、ベビーカーにそのタバコが入って赤ちゃんがやけどした場合やそのタバコの火が元で火事になった場合などです。これらの場合には、それぞれ過失致傷罪や失火罪が適用され、その招いた結果に見合った罰が科せられます。タバコのポイ捨て自体だけでは、重い罰を科するのは無理があります。

刑法も含めた全体の刑罰体系の中でバランスを考えた罰則とするのが望ましいとされています。

第2は、ザル法にならないように実効性の確保に配慮するということです。ザルに水を入れてもザルの目からこぼれて溜りませんが、これと同様にいくら条例で定めても誰も従わないような罰則を定めても仕方がありませんので、取締当局と連絡を密にして実効性のある条例を策定することが望ましいとされています。

罰則規定は明確に

罰則規定は事前に、かつ、明瞭に規定されなくてはなりません。そうでないと、同じ行為でも、権力者の恣意や解釈如何で、犯罪になったり、ならなかったりしますが、これでは困りますね。それで、憲法31条が「罪刑法定主義」を、憲法39条が「事後法の禁止」を規定しています。

新潟県加茂市で、全国展開している衣料専門店の立地を規制するため、事後的に罰則付きの条例を制定し、それに違反した衣料専門店を条例違反として、刑事告発しましたが、さすがに県警察本部も、この規定の仕方では刑事訴訟の公判を維持することは困難であるとして立件を見送った例があります。

広島市は、市民生活の安寧と国際観光都市としてのイメージを守るため、暴走族の暴走行為や特攻服を着用して大勢で集合することを禁止す

る「**広島市暴走族追放条例**」を制定しました。

　暴走族の暴走行為などを規制することが目的なのに、罰則になると、「何人も」と急に対象が広がってしまうような規定の仕方となっていました。そこで、最高裁の裁判官の中には「漠然性ゆえに無効」の原則に照らし、憲法31条に違反する違法な規定で、この規定の仕方では罰則を適用することはできないという意見もありましたが、結局3対2の僅差で合憲として、罰則が適用されることとなりました。ただし、その多数意見も、条例の全体の趣旨から「何人も」を限定的に解釈するという一手間かけた上での合憲という判断でした（最小判平成19年9月18日）。

　裁判所にそんなに手数をかけなくてよい、誰が読んでも分かるような明確な規定とすることが望ましいことは言うまでもありません。

条例のできるまで

　次に、条例ができるまでの流れを見てみましょう。まず、最初は条例案を作成するところから始まります。

　自治体の中には、その条例案が住民に何らかの規制を課するものである場合に、パブリック・コメント条例に基づいて、あらかじめ住民などの意見（パブリック・コメント）を求めるところもあります。

　次に条例案を議会に提出しますが、これには2つのルートがあり、
（1）長が条例案を作成して提出
（2）議員が条例案を作成し、①議員定数の12分の1以上の議員が共同して提出あるいは、②常任委員会が提出
のいずれかの方法です。

　また、70頁以下で説明したように住民が直接に条例の制定、改廃を請求するルートもあります。

　議会に条例案が提出されると、本会議で所管の委員会へと付託され、その委員会で具体的な審査が行われます。委員会の結果の報告を受けて本会議で討論が行われ、賛成多数で可決、賛成少数で否決、継続審議などの結論が出ます。

　可決された場合には、その議決の日から3日以内に議長から長に送付

され、20日以内に公報などに掲載することによって公布されます（自治法16条）。

ただし、長に送付された条例案に疑義がある場合などには、10日以内に長が再議に付することができる（条例の内容が法令違反などの場合は、再議に付さなければならない。）ことは120頁で説明したとおりです。

3 規則、要綱など

ここがポイント

> 自治体の長は、条例や法律の委任に基づき、あるいは条例や法律を施行するため、又は長に専属する事項に関して規則を制定することができます。
> 規則違反には、秩序罰として5万円以下の過料を科することができます。
> 近年の条例の対象領域の拡大と反比例するかのように、規則の対象領域が減少してきています。
> また、人事委員会、選挙管理委員会などの行政委員会は、その事務について規則や規程を策定することができます。

具体的な手続きや内部の決まりなど

私達の権利を制限したり、義務を課したりする場合は条例によらなければなりませんが、自治体の組織内における内部の取り扱い（事柄の軽重や所管に応じて誰の決裁とするかを定めた決裁規程など）や具体的な手続き（どんな様式で申請や届け出をするかを定めた申請手続き規則など）についてまで条例で定めるのは、かえって煩雑となり、柔軟な対応を妨げることになりかねません。

そこで、地方自治法15条は、自治体の長は「法令に違反しない限りにおいて、その権限に属する事務に関し、規則を制定することができる。」と規定しています。

具体的には、次のような事項について規則を制定することができます。

(1) 条例関連……①条例の委任を受けた事項、②条例の実施のための手続き的な事項

　　最もポピュラーなもので、条例の施行の日を定める規則など数多くあります。
(2) 法令関連……①法令の委任を受けた事項、②法令の実施のための手続き的な事項

　　法令から直接委任を受けたようなもので、地方自治法施行令173条の2の規定に基づく財務に関する規則などの例ですが、余り数多くはありません。
(3) 長の事務関連……①長に専属する事項、②自治体の事務で誰の権限でもない事項

　　長も議会の議員と同様に選挙で選任されて住民の信託を受けていますので長に専属する事項については、自ら規則を作ることができます。

　　また、78頁で長の権限は広く、誰の事務か不明な場合あるいは誰の事務にも属さないものについては、長の事務となるという話をしましたが、自分の事務となったものについてルールを作ることができるのも、①の考え方と同様です。

　基本的に、この分野は規則の専管の分野で条例と競合することは少ないのですが、仮に条例と規則が抵触した場合は、条例が優先すると解されています。というのも、条例の方が、より慎重で、よりオープンな手続きで制定されるからです。

　例えば、長を支える組織について、どんな組織にするかは、基本的には長の専権事項ですが、住民にとってより分かりやすく明確にするために、基本フレームの部局については条例で、その基本フレームの下部の組織については組織規則や事務分掌規程でといったような事例です。

　規則についても、制定した場合は公報などに登載して住民に周知を図ることとされています。

規則に従ってもらうために

規則に従ってもらうために、規則に違反した者に対して、5万円以下の過料を科するという規定を設けることができるとされています（自治法15条2項）。

過料は刑罰ではなく、手続き違反などに対して科される秩序罰であることは先に説明したとおりです。

また、内部的な手続きについて定めた規則については職員が対象となります。仮に職員が規則に従わなかったような場合は法令に従う義務違反など地方公務員法上のチェックがありますので、この点で十分に担保されています。

条例は増加し、規則は減少している

現在は、地方分権が進展していますが、それに伴って条例が増加し、規則が減少するという現象が生じています。というのも、次のような要因が重なったからです。

(1) 地方分権一括法の一環として地方自治法が改正され、長をいわば国の機関として国の事務を委任していた機関委任事務が自治体の自治事務又は法定受託事務になったために、長の受任事務として規則で定めていた事項を自治体の事務として条例で定めることとなったこと

　　さらに、第2次地方分権改革で、法令の義務付け・枠付け規定が廃止、縮小され、代わって条例で規定されるようになったこと

(2) 平成3年に地方自治法が改正され、「義務を課し、又は権利を制限するには、……条例によらなければならない。」（自治法14条2項）とされたこと。このように、住民の権利などを侵害する領域は条例のみに許された（留保された）ものであると明確にされたことから、その周辺領域を含め、規則で定めることのできる分野が限定されたこと

(3) 住民の権利などを侵害する領域以外にも、重要な事項は条例で定めるというのが一般的になってきており、従来は市民憲章などに定め

ていた事項についても条例で規定するようになってきたこと

これは、重要な事項は法律によらなければならないとする重要事項留保説が行政法では通説となっていますが、この動きと軌を一にするものです。

　もっとも、規則が減ったといっても、自治体の長には条例の提出権がありますので、長の意思は従来の規則から条例に形を変えることで実現できることになります（もちろん手続きがより複雑になり、場合によっては、議会の反対で成立しないケースもありますが……）。

委員会の規則や規程

　先に説明したように、自治体には長のほかに、執行機関として、人事委員会や公安委員会や選挙管理委員会などの行政委員会があります。これらの委員会は、法令、条例、長の規則に違反しない限りにおいて、規則や**規程**を定めることができます（自治法138条の4第2項）。

　委員会の会議に関する規則や委員会事務局の組織規程、事務分掌規程などが主なものです。

　これらの委員会は、長とは独立した執行機関ですので、自らの委員会の内部の取り扱いについて、委員会自ら定めることができるとしたものです。

　ちなみに、規則と規程で法的な差異はありませんが、会議規則、事務分掌規程と従来からの慣行で使い分けています。

要綱

　これまで説明してきた規則、規程は法令にきちんと位置づけられていますが、このほか、住民から申請などがあった場合に、どのような手順で対応するかなどを示した事務処理手順のマニュアル（**要綱**）があります。

　この自治体の**要綱**で昭和50年代に大きな論争を呼んだものがあります。宅地開発指導要綱と呼ばれるもので、業者が大規模な宅地開発を計画し、自治体に許可を求めて申請してきたときに、その開発戸数に応じ

て一定の寄付金を宅地開発協力金として自治体に納付してもらおうとするものです。自治体としては、大きな団地ができることによって必要となる学校の増改築やごみ処理施設や下水道処理施設の能力アップなどに要する経費の一部に充てようとしたのです。開発業者が自主的に協力した場合には問題は顕在化しなかったのですが、中には、法定の義務ではないので、という理由で協力しない開発業者もいました。

そのような開発業者に対して、自治体は団地への水道水の供給を停止することができるという一文を宅地開発指導要綱の中に設け、実際に水道水の供給を停止しました。これは全国各地で訴訟となりました。この方法は自治体にとっては苦肉の策でしたが、いわば「江戸の仇（協力金を支払わない。）を長崎で討つ（水道水を供給しない。）」という行政が認められるはずがないので、各地で自治体側の敗訴が続きました。

もっとも、1件だけ、大渇水を経験した福岡都市圏で、水源が少ないという地理的条件から、20戸以上の宅地開発について水道水を供給しないと規定していた志免町水道事業給水規則について、水は限られた資源であるため、適正かつ合理的な供給計画によっても対応できない開発計画の場合給水を拒否する正当な理由があるとした判決があります（最小判平成11年1月21日）。

上記の事例は、人口急増期の話で人口減少期に入った現在では、このような事例は考えられず、最近は、

- 14階建てのマンションが桜・銀杏並木で有名な国立駅前の景観に相応しくないとして、7階を超える部分の撤去を求めた**国立マンション訴訟**……東京地裁は、撤去を認める画期的な判決を下しましたが、最高裁は周辺住民の景観の保護を求める権利を認めたものの、このマンションは違法建築物でなく、周辺の景観との調和を乱すものでないとして、住民の請求を退けました（最小判平成18年3月30日）。
- 漫画家の楳図かずおさんの赤白ストライプの「まことちゃんハウス」建設を巡る周辺住民とのトラブルに起因するまことちゃんハウス訴訟……東京地裁は、まことちゃんハウスの建設は、法令、条例の範囲内であり、周辺住民の言う色彩の暴力に当たらないとして、周辺住民の

請求を退けました（東京地裁平成 21 年 1 月 28 日）。

など個々の建築物と周辺住民とのトラブルに行政がどう関与するかが問題となる事例が増加しています。

そこで、自治体の中には「景観条例」に加え、「建築物の建築に係る住環境の整備に関する条例」を制定し、建築基準法に基づく建築確認の前に、建築主と周辺住民との話し合いの場を設け、その地域に相応しい建築物となるように建築主と周辺住民の意向の調和に努めているところもあります。

協定、公契約

最近、防災応援協定（災害時、被災した自治体の救急活動や消火活動などを被災していない自治体が応援するという自治体間の契約）や緊急物資支援協定（災害時に必要なペットボトルの飲料やパンなどの食料品、衣類、毛布、トイレットペーパーなど生活必需品をスーパーマーケットなどが無料で、あるいは、有料でも優先的に提供するという自治体とスーパーなどとの契約）が話題となっています。

これらの協定は、法的には契約ですが、契約の一方又は双方が自治体であるため、公契約と呼ばれています。

契約ですので、基本的には民法の契約の規定に従うことになりますが、自治体が当事者であることから、公正さが要求されたり、公金の無駄遣いがないように、民法の契約と異なる規制があります。

防災に関する上記 2 つの協定は、相手方の善意を前提としているものですから、仮に、災害時に応援がなかったり、支援物資が来なかったりしても、民法の債務不履行責任とは異なる取り扱いとされています。

このほか、市民会館などに設置されている自動販売機についても、空スペースの賃貸借契約（従来は、市民会館という行政財産の目的外使用の許可という法律構成とされていました。）として構成されるようになりました。

また、158 頁の PFI でも、PFI 協定、金融協定など多くの協定、契約の上に成り立っています。

さらに、8章の広域行政でも、「事務の代替執行」の協定、定住自立圏形成協定など協定が重要な役割を果たしています。
　少し、話は変わりますが、最近、自治体の中に、「公契約条例」を制定するところが出てきました。これは、自治体と契約した相手業者が下請け業者を泣かせて利益を得たり、従業員の賃金を削って利益を得たりすることのないようにする条例です。
　世界的にフェア・トレードと呼ばれる契約で、コーヒー豆の買取り業者が買取り価格を不当に低く抑えると、コーヒー豆のプランテーションで働く労働者の賃金が抑えられ、極端な話、人間的な生活が送れなくなってしまいますが、こんな搾取が行われないように、公正（フェア）な買取り価格で契約すべきというものです。
　このように、近年、自治体行政の中で、協定、公契約のウェイトが高まってきています。

 ちょっとひと休み

特例か特区か

　フランスでは、憲法で「法律に特別の定めがある場合は、実験的に、対象と期間を限定して、条例で法律の定めとは別の定めを置くことができる。」と規定し、全国一律の法律の定めとは別に地方の多様性を認めています。

　わが国の場合は、本章で説明した上乗せ条例、横出し条例や建築基準法など法律が認めた特例条例で地域性に応じた対応が可能となっていますが、より包括的な方法として構造改革特別区域法に基づく**構造改革特区**があり、特区として承認されると全国一律の法律の定めとは別の取扱いができます。

　現在までに、外国語教育特区、IT教育特区、一貫教育特区、どぶろく特区、グリーンツーリズム特区、アグリビジネス特区など実に様々な特区が承認されています。

　また、最近は滋賀県のように県独自に「特区」を設け、県の規制の適用除外や特例を認めるところも出てきています。

　地方の多様性が国の活力の源となることは、薩（鹿児島県）長（山口県）土（高知県）肥（佐賀県）の手になる明治維新、戦後の経済復旧など歴史の教えるところでもあります。将棋の升田名人も戦後将棋の戦法が大きく進化したのは、戦時中疎開のために棋士が地方に散らばっていったが、そこで地方の多様な文化を吸収し、将棋に活かしたからだと述べています。地域独自の文化や言語を含め、地方の多様性を是非確保していきたいものです。

8章 より広く、より狭く──市町村合併とコミュニティづくり

1 なぜ市町村は合併するのか

ここがポイント

> 　最近、企業の経済活動が広域化し、住民の社会生活の領域も広域化しています。また、地方分権の進展に伴い、自治体の権限や財源が増加しています。
> 　こうした事態に対応するための1つの手段として、市町村合併が市町村合併特例法の後押しのもとで進められ、市町村数が5割程度になりました。
> 　今回の合併は平成の大合併と呼ばれ、明治の大合併、昭和の大合併とあわせ、3大合併と言われています。

地方分権をより進展させるために

　地方分権の進展に伴い、地方自治法をはじめ関連法の改正が行われ、自治体の事務や権限が拡がってきました。また、いわゆる三位一体改革が行われ、自治体の財源が増加するとともに、その自由度が高まってきています。

　このこと自体は大変に望ましいことではありますが、一面では、また、大変なことでもあるのです。というのも、極端な例ですが、今までは「国の事務で自治体には権限がありませんので。」とか「国の制度や補助金がありませんので。」とか言って住民の要求に対応していた事柄について、自治体の事務として正面から対応しなければならなくなったからです。

　もっとも、やる気と能力のある自治体にとってはこの方が望ましいことは言うまでもありません。

　いずれにせよ、事務が増え、権限、財源が増えますので、従来どおりのやり方では対応ができなくなります。そこで、

(1) 市町村合併により、スケールメリットを得て対応する（市町村合併）
(2) 職員の意識改革や能力アップにより対応する
(3) ITなど最新技術を活用して対応する（電子政府など）
(4) 民間のノウハウ、資金などを活用する（PPP、アウトソーシングなど）
(5) ボランティア、NPOなど住民とのコラボレーションで対応する

などの手段の活用が必要となります。

　これらの手段を上手く活用できるかどうかで自治体に格差のできる時代になったとも言えます。このうち（4）については156頁以下で説明しています。その他の手段について、そのあらましと活用の現況を8章から10章までで説明します。

合併の歩み

　合併とは、2つ以上の自治体が1つの自治体となるもので、法人格の変更を伴うものです。

　より具体的には、複数の自治体が集まって新しい自治体を設置するもの（この場合は複数の自治体の法人格が消滅し、新たに1つの法人格が発生します。）と1つの大きな自治体に周辺の自治体が吸収される形で合併が行われるもの（この場合は大きな自治体の法人格は変わりませんが、周辺の自治体の法人格が消滅します。）の2つの形態があります。

　このほか、地方自治法は、分割（自治体を2つ以上に分けてそれぞれ新しい自治体とするもの）、分立（自治体の一部を分けてその部分だけ新しい自治体とするもの）などについても規定しています。

　この合併などについては、少し難しい表現ですが**廃置分合**という名称のもと地方自治法6条、7条に規定されており、何時でもこの規定に基づいて合併できますが、先に述べたように、どうしても合併を推進する必要があるような場合には、特別の法律を作って合併を後押ししています。

　合併の後押しによって、市町村数が、**明治の大合併**で5分の1に、**昭**

和の大合併で3分の1に、**平成の大合併**で2分の1程度にそれぞれ減少していることが見て取れます。

```
                         合併小史
    明治21年    71,314町村
    明治22年    15,859市町村　市制町村制施行　　＜明治の大合併＞
    昭和28年    9,868市町村　町村合併促進法制定
    昭和31年    3,975市町村　　　　　　　　　　＜昭和の大合併＞
    昭和40年    合併の障害を除くことを主な目的とした市町村合併
                特例法制定
    平成11年    3,229市町村　市町村合併特例法改正
    平成22年    1,727市町村　　　　　　　　　　＜平成の大合併＞
```

合併を促進するための措置

　合併の後押しといっても、今まで説明してきたように住民自治、団体自治が大前提ですので、あくまでも合併するかどうかは、その自治体が自ら判断し、最終的には住民の意思に委ねられることとなります。
　従って、特別の法律は、次のように合併しやすい環境作りについて規定するものでした。
(1) 合併した場合のメリットなど合併のはずみとなる事項に関する特例
(2) 合併の障害となるようなものを取り除くための特例
(3) 技術的な助言や勧告
　平成の大合併を促進するために平成11年に改正された市町村合併特例法は、平成18年3月末までに合併した市町村に対して、**合併特例債**の発行（この償還に要する経費の一部が地方交付税に算入されますので、合併後に必要となる施設を、普通に建設する場合に比べて市町村は割安で建設することができます。）や議会の議員数は合併後の市町村の人口で算定し直した定数ではなく、次の一般選挙までは従来の議員数の合計額でよいとする特例などいろいろな特例を規定していました。
　こうした特例の後押しによって、平成の大合併が進んだことは今まで

説明したとおりです。この改正法は平成16年に再度改正され、平成18年3月末までに合併した市町村を引き続き支援していくこととしています。また、平成16年に市町村の合併の特例等に関する法律が制定され、平成18年4月以降に合併する市町村を支援するため、

　①合併協議会の設置についての住民投票制度　住民が主体的に関与できる特例（71頁）
　②市になる要件を人口5万人以上から3万人以上へ緩和する措置の継続
　③合併後の議員数の特例
　④合併に関する知事の勧告

など、特例が定められました。

　さらに、市町村合併が一段落した平成22年には、市町村の合併の特例等に関する法律が改正され、上記の特例のうち、②と④の合併推進のための特例が廃止され、①と③の市町村の自主的な合併を後押しするための特例のみが残されることとなりました。

合併のための事務の流れ

　合併の手続きのあらましは次のようなものです。

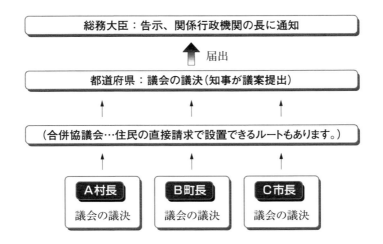

📁 都道府県の合併は？

　ここ数年は随分と市町村合併が話題となりましたが、都道府県については明治21年（1888年）の愛媛県と香川県の分離以来大きな変更はありませんでした。そこで、
(1) 社会経済変動に適合しないものになっているのではないか。
(2) 市町村合併で県内の市町村数が大きく減少したことに伴い、広域的自治体としての都道府県のあり方が変わるのではないか。
など都道府県のあり方が問われるようになってきました。
　もっとも、都道府県も既に次のような方法で広域行政へ対応しています。
- 一部事務組合
- **広域連合**
- **機関の共同設置**（北東北3県の海外共同事務所など）

　これらの制度については、2で説明します。

2　広域行政

> **ここがポイント**
>
> 　合併とは別に、広域行政を推進するため、あるいは、自治体が共同して事務を行うため様々な制度が工夫されています。
> 　共同して、それぞれの自治体とは別の組織を創る方式に、一部事務組合と広域連合があり、これらは、特別地方公共団体と位置づけされています。
> 　運用で他の自治体の能力を補完する方式に、職員派遣、事務の代替執行、連携協定などがあります。

📁 一部事務組合とはなにか

　市町村の事務の中には、数市町村がまとまって共同して行った方が効率的で、都合のいいものがあります。
　例えば、消防の業務がそれで、どんな田舎に行っても高いビルやガソリンスタンドが目に付きますね。このような建造物の火災に対応するた

めには、一般の消防車のほかに、シュノーケル車（高所作業車）、レスキュー車、化学消防車などの特殊消防車が必要となります。

　すべての市町村がこうした消防車を一揃い持つことは、経費の面や人の確保の面から考えて、決して効率的とはいえません。

　そこで、数市町村が集まって組合を作り消防業務を共同して行うという方法が認められています。

　この場合には中心となる１つの市町村に一揃いの消防車を用意し、その他の市町村には一般の消防車を置いておくという効率的な対応が可能となります。

　また、ごみ焼却場、廃棄物最終処分場、下水処理場、火葬場などのいわゆる迷惑施設も各市町村に小さな施設をすべて造るよりも、数市町村が集まって、例えば山間のＡ村には廃棄物最終処分場を、川下のＢ市には下水処理場を、中山間のＣ町には火葬場をといった具合に上手く分け合って造った方が、公害防止施設を備えたより高度な施設の設置が可能となるほか、住民への説明も少なくてすむなどのメリットがあります。

　このケースでは、ごみ処理、下水処理など複数の事務を数市町村が組合を作って実施することとなります。

　さらに、複数の事務を共同して行うために構成市町村を変えて数市町村で組合をつくることも認められています。

（ケース１）　１つの業務を数市町村で共同して行う場合

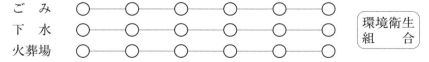

（ケース２）　複数の業務を数市町村で共同して行う場合

（ケース３）複数の業務を構成市町村を変えて数市町村で共同して行う場合

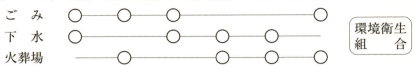

このケース３のような組合は、**複合的一部事務組合**（自治法285条）と呼ばれています。

このような、**一部事務組合**は特別地方公共団体ですので、今まで見てきたように憲法の住民自治、団体自治の保障の対象とはなりません。

そうはいっても、もともと市町村の行うべき業務を効率性、利便性の観点から組合で行っていることから、できる限り住民のコントロールの下で実施されることが必要です。

そこで地方自治法は次のような規定を置いています。

(1) 組合を設置する場合に、関係する市町村の議会の議決によって組合の規約を定め、都道府県知事の許可を得なければならない（自治法284条）。

組合は、効率的で便利なものですが、余り乱立されると市町村本来の事務が空洞化され憲法の住民自治の保障の及ばない組合の事務が増加することになります。また、組織、権限、事務などを規約で明確に規定していないと透明性などで問題が生じますので、その設置を議会の議決と知事の許可でチェックすることとされたのです。

(2) 組合には、議会を必ず設置しなければならない（自治法287条、287条の2）。

なお、その議会の議員の選出については、関係市町村の住民による直接選挙による方法又は関係市町村の議会の選挙による方法のいずれでもよいとされています。

現実的には、関係市町村と組合の議員の兼職は禁止されていませんので、関係市町村の議員の中から、負担金の割合などに応じて割り振られた議員数を関係市町村の議会の選挙で選ぶ場合が多いようです。

	A村	B市	C町	D町	E市	F村	
負担金の割合	10%	25%	15%	15%	25%	10%	合計100%
議員数	2人	5人	3人	3人	5人	2人	合計 20人

（3）組合の管理者の選出方法についても、規約で定めることとされている（自治法287条）。

現実的には、事務局を置いている市町村の長がなる場合や関係市町村長の間で互選するといった場合が多いようです。

ただし、複合的一部事務組合のように組合の構成市町村の利害関係が複雑で、1人の管理者に運営を任せておけないような場合は、管理者に代わって合議制の理事会を置くことも認められています（自治法287条の2）。

広域連合とは何か

広域連合のポイントは、①都道府県の積極的な参加を予定していること、②県と県内の市町村といったようにレベルの異なる自治体が構成団体となれること、③国の事務、権限の移譲の受け皿となれることです。

地方には、九州、中国などのブロックを対象とした国の機関（九州郵政局、中国農水局など）や都道府県を対象とした国の機関（高知県財務事務所）があります。

ブロック内の県がすべて参加する広域連合は国のブロック機関の権限の一部の、県と県内の市町村が構成団体となっている広域連合は国の県レベルの機関の権限の一部の受け皿となることが可能です。

平成22年、関西の2府5県が共同して関西広域連合が設立されました。当面は防災、観光振興の業務などを共同して行うこととしていますが、将来的には関西を所管エリアとしている国の機関の権限の受け皿となることも目的としています。

関西広域連合は、現在、7府県と4政令指定都市が参加しており、観光行政は京都、産業振興は大阪、防災行政は兵庫、医療行政は徳島……といった具合に、それぞれ機能分担しています。また、東日本大震災の際

も、それぞれの府県が担当する被災県を分担して復旧を支援しました。

　現実に多い広域連合は、県と県内の全市町村が構成団体となって共同で職員研修を行うといったような例です。

　最近は、府県と府県内の市町村が共同して、税の滞納処分を行う地方税広域連合も作られるようになってきました。これは、府県や先進的な市町村の差押えなど滞納処分のノウハウを共有して、全体としての税収アップにつなげることを目的としたものです。

　なお、広域連合の連合長や議会などは、広域連合を構成する自治体の長の互選で選ばれたり、議会議員から選出されていますが、広域連合を構成する全自治体の住民による直接選挙のルートも用意されています。

　また、平成24年の地方自治法改正で、連合長に代えて、執行機関として理事会を置くことができるようになりました。

議会事務局の共同設置

　従来から、小さな自治体の職員は一人で何役もの仕事をこなさねばなりませんでした。このため、総合的に見ることができるというメリットがある半面で、忙しすぎて専門性に欠けるといった問題もありました。そこで、委員会などの執行機関、審議会等の付属機関、首長の補助機関に限って機関の共同設置という制度が認められていました。

　選挙管理委員会を数市町村で設置するといった例です。

　近年の地方分権の進展に伴い、議会に期待される役割も大きくなってきました。先に説明したような新しいタイプの条例の審査、議会基本条例による議会の業務の増加などの例ですが、それに伴い議会事務局の業務も増加せざるを得なくなりました。そうした状況を受けて、平成23年の地方自治法改正で**議会事務局の共同設置**が認められることになりました（自治法252条の7）。

　これは、一面では自治体の行財政改革、スリム化によって、議会事務局の職員が1、2名となった小規模自治体に選択肢が1つ増えることを意味しています。

事務能力の補完

事務能力の補充として、「職員派遣の制度」（自治法262条の17）があり、被災自治体へ応援派遣された職員が復興のために活躍している姿をテレビなどで見た人も多いことと思われます。

事務の代替執行制度

さらに、平成26年の地方自治法改正により、「事務の代替執行」制度が創設（自治法252条の16の2）され、事務の一部を他の自治体に代わって執行してもらうことができるようになりました。

従来ならば、都道府県に補完事務として執行してもらっていた事務を、隣接している大きな市や町に代わって執行してもらうということで、俗な例えになりますが、従来親に助けてもらっていた仕事を、大きなお兄ちゃん、お姉ちゃんに助けてもらうといったイメージです。

なお、事務の代替執行のためには、自治体間の協議により規約を定めなければなりません。

定住自立圏及び連携協定

今まで述べてきた、一部事務組合や共同設置、事務の代行などは、市町村が共同、連携することにより能力を補完するという意味合いがありましたが、連携することにより、より積極的に能力をアップし、地域としての魅力を発揮しようとするシステムもあります。

(1) **定住自立圏**

一定規模の人口や産業集積を有する中心市（人口5万人程度以上）を核として、周辺市町村とともに、定住自立圏を構成し、定住自立圏形成協定を締結、定住自立圏共生ビジョンに基づいて、交通インフラ、ITCインフラなどを整備して、圏域としての魅力を発信し、移住促進などを図ろうとするものです。

(2) **連携協約**

また、平成26年の地方自治法改正により、一部事務組合や協議会といった組織を作るまでもなく、他の自治体と協議によって連携協約を締

結し、連携して各種施策を実施するより緩やかで、柔軟な連携についても制度化されることとなりました。

より柔軟な連携ですので、県が異なる市町村との連携や都道府県と市町村との連携も可能とされています。

道州制

先に説明した一部事務組合、広域連合、機関の共同設置は従来と同じ次元での広域化ですが、現在別の次元の広域化が論議されています。

それが、**道州制**です。厳密に言えば、経済界を中心に昭和30年代にも経済活動の広域化に応じて都道府県の広域化を図るため道州制が提案されたことがありましたが、大きな論議の広がりには至りませんでした。

ところが、現在の道州制議論は、先に述べたように平成の市町村合併を受けたうえでの論議ですので、より現実的、具体的なものとなっています。

地方制度調査会からも9分割案、11分割案、13分割案が試案として提言されています。

さらに、平成19年からは「道州制特別区域における広域行政の推進に関する法律」（俗に「道州制特区推進法」と呼ばれています。）に基づいて、北海道が特定広域団体に指定され、道州制導入に向けての実証的な実験が行われています。

北海道からの提案を受けて、従来は国が行っていた商工会議所の定款変更の認可など国の権限の一部が移譲されました。また、砂防事業などの補助金が交付金化され、財源の自主性が増加しました。

この北海道の実証的な実験は、平成27年度まで行われ、その結果が道州制のシステム設計に反映されることとされています。

また、東日本大震災復興特別区域法に基づく「復興特区」も指定され、国の許認可などの関与を少なくして、迅速な復旧、復興を図るべく懸命な努力も行われています。

こうした流れの中で、道州制基本法案が国会に提出されています。

この道州制は、論者により、多少ニュアンスが異なるのですが、筆者は道（例えば、南関東道、近畿道など）に、アメリカの州と同様、国に近い権限を与えなければ意味がないと思っています。そうなると、国は各道の連邦政府のような感じになり、国は国際社会における国家としての存立に関わる事務など、地方自治法2条2項に規定する本当に国らしい仕事に専念することができるようになると思われるからです。

3　狭域行政も大切

ここがポイント

合併によって市町村の規模が大きくなっても、私たちにとって身近な存在である市町村行政のよさを失わないようにするために、町内会などの法人化や地域自治区、合併特例区の新設など、地域コミュニティを強化するための新しい制度が作られています。

健全な地域コミュニティは地域の防災力の強化にも貢献しています。

狭域行政

市町村が合併などで大きくなることは、大きな流れではあるのですが、一面では私たちにとって身近な存在でなくなるということでもあります。

合併により役場までの距離が遠くなって不便になったり、私たちへのサービスの質が低下したり、あるいは、私たちの声が届きにくくなっては困りますので、次のようにいろいろな工夫がこらされています。まず、運用上の工夫として、

(1) 印鑑登録証明書や住民票の写しなどの証明書の交付や水道料金の支払いを郵便局やコンビニなどでも行えるようにする。
(2) 電子政府を推進し、いろいろな申請や意見の申し出や入札などを、自宅からコンピュータでできるようにする。
(3) 支所、出張所やサービスセンターなどを設置して役場まで足を運ばなくてもいいようにする。

などの対応です。

　次に、制度上の工夫として、地方自治法が改正され、次のような制度が新たに設けられました。

(4) 町内会や自治会といった地縁による団体に法人格を与える（自治法260条の2）。
(5) 地域自治区の設置を認める（自治法202条の4〜202条の9、市町村合併特例法23条〜25条）。
(6) 合併特例区の設置を認める（市町村合併特例法26条〜57条）。

　このうち、地域自治区は政令指定都市の行政区を、合併特例区は東京都の特別区をそれぞれイメージしたもので、合併特例区は特別区と同様に法人格を有しています。

▍地域自治区と合併特例区

　地域自治区は恒久的、全区域的で、時間的区域的にも包括的ですので、その分、権限はそれ程大きくなく自治体のごく一部の事務処理を自治体に代わって行うことができるほか意見の申し出を行うことができるとされており、地方自治法に基づいて設置されます。

　一方、**合併特例区**は期間限定的で5年以内、合併した市町村を構成する旧市町村の従来の区域を対象とするという局所的な特別地方公共団体ですので、その分逆に、相当広範な事務を自治体に代わって行うことができることとされており、市町村合併特例法に基づいて設置されます。

項　目	地域自治区	合併特例区
根拠法	地方自治法	市町村合併特例法
設置できる自治体	全自治体が可能	合併した自治体に限られる
法人格	なし	あり
設置できる期間	限定なし（恒久的）	5年以内
設置できる区域	自治体内の全域が原則	合併前の旧市町村の区域
設置の方法	自治体が条例で設置	規約で定め知事の認可
長	職員の中から長が任命	一定の住民から長が任命
協議会	地域協議会 ・住所のある者から任命 ・意見を述べることができる ・条例で定める重要事項には協議会の意見聴取が必要	合併特例区協議会 ・住所のある者から任命 ・規約で定める重要事項には協議会の意見聴取が必要
事務の例	法人格がないので自らの名前では事業をしない	公の施設の管理、コミュニティ・バスの運行など

 ちょっとひと休み

地域コミュニティは防災力を強める

　町内会が法人格を有するようになったため、町内会としていろいろな法律行為（町内会の建物や土地を登記したり、町内会として契約をしたりすることなど）をすることができるようになり、随分と活動がしやすくなりました。

　町内会に限らず、地域コミュニティがしっかりと活動しているところは防災力があると言われています。

　例えば、阪神淡路大震災の際、淡路島では「○○さん家のおばさんはまだ出てこない。埋もれたままでは。」と皆で捜索に行ったり、「○○さんのおじいさんは確か寝たきりだったはずだが。」と皆で家まで助け出しに行ったりといった例です。

　津波の教訓から「てんで逃げ（津波の襲来速度は速いので、家族や友人などを気にしていると逃げ遅れるため、他人のことは一切気にせずに、自分勝手にてんでに逃げること）」が大切と言い伝えられてきた東北地方でも、東日本大震災で小学生の手を引いて励ましながら逃げた中学生たち、旅館のお客さん、従業員のみならず、周辺住民の避難を促して全員の命を助けた旅館の女将さん……など地域コミュニティの存在が被害の軽減に大いに役立った話は枚挙にいとまがありません。

　また、最近は犯罪の防止にも、子供の通学路の安全の確保など地域コミュニティが力を合わせて取り組んでいます。

　町内会は、最も古くからある地域コミュニティで、町内会長は古くからその地方にいる人が多く、町内の実情を行政に伝えたり、行政と住民とのパイプ役になったりしています。また、まちづくりNPOなども新しい地域コミュニティとして活躍しています。

9章 団体自治をより進めるために——国と自治体との関係

1　国などの関与が必要な理由

ここがポイント

　地方分権の進展により、国と自治体との関係が上下タテの関係から対等ヨコの関係に変更されました。それでも、全国的に調整や統一を行ったり、適法性を確保する必要性があるため、国などの関与が残らざるを得ない事務があります。

　そこで、その関与を出来るだけ、少なくするとともに、必要やむを得ずに残っている関与についても、パターン化し、明瞭にすることによってあいまいな関与を排除することとされました。

タテからヨコへ

　この章は、国と自治体との関係についての話ですので、私たちの暮らしに直接関係がないように思われるかも知れません。しかしながら、実は、国と自治体との関係は、私たちの暮らしに深く関わっているのです。

　第1章（11頁以下）で私たちの思いを実現し、住民自治を貫くためには、自治体が国の意思に縛られない団体自治が確立していることが必要であると説明したことを思い出してください。

　私たちの意思を自治体の行政に活かすためには、自治体が、国の意向などに縛られることなく、自主的に決定し、自己の責任で住民自治のために必要な行政を行うことができることが必要なのです。

　この点を「**自己決定と自己責任**」の徹底と説明する学者もいます。

　この「自己決定と自己責任」が徹底されるためには、国と自治体との関係が上下の関係ではなく、対等の関係でなければなりません。

ところが、従来は、国と自治体、自治体間でも都道府県と市町村は上下の関係いわゆるタテの関係にあると考えられていました。
　特に、機関委任事務に関しては、国は自治体の長を、いわば国を本店とする支店の支店長のようにみなしており、平成3年の地方自治法改正までは、自治体の長が国の仕事をやらない場合、一定の訴訟手続きを経たうえでのことになりますが、国が自治体の長を辞めさせ、罷免することまで制度的には可能だったのです。
　平成11年に地方分権一括法の一環として地方自治法が改正され、機関委任事務が自治事務又は法定受託事務として構成されるようになりました。この結果、自治体は国の事務を自分の事務として行うようになりました。
　また、この改正とあわせて、国と自治体との関係が同等のヨコの関係を前提として整理し直されるとともに、より明確にオープンになりました。

国などの関与が必要な理由

　国と自治体との関係は、タテからヨコへと変更され、地方自治法をはじめ関連する法律が改正されました。
　とはいっても、自治体も国を構成する1つの構成要素でもありますので、全く国から独立して行政を行っている訳ではありません。
- 全国的な統一性を確保しなければならない事務
- 全国的な見地から調整が必要な事務
- 技術面で自治体の負担に耐えられない事務
- 国家の安全の観点などから緊急性のある事務

などがあるからです。
　また、実際の自治体の事務の執行において、違法な執行があったり、しなければならない行政をなかなか実施しなかったり、後世の負担を考えずに事業をやりすぎたり、といったような場合などもあります。
　本来は、こんなことがあってはならないのですが、自治体の職員は1人で多くの事務を担任しているところが多く、法律のチェックが漏れて

いたり、自治体から見て優先順位の低い事業や困難な事業を後回しにし、結果的に実施しない（不作為）といった事態を招くこともあるからです。

こんな事態には、住民の直接請求や司法救済を主体にすることにより、できる限り国の関与を少なくするというシステムもありますが、わが国の場合は、明治維新以降の中央集権主義の名残、さらには戦後の高度経済成長期の新中央集権主義の名残があり、国の強い関与がされてきたという歴史がありました。

そこで今回、国と自治体との関係がタテからヨコに変更されたことに伴い、次のような原則に基づいて整理し直されました。

(1) 国の関与について法律に明確に規定し、あいまいな関与が行われないようにすること（**関与法定主義**）
(2) パターン化し、明確化することで関与の範囲を限定化すること（**関与の類型化**）
(3) 関与を必要最小限のものとすること（**最小限度の原則**）
また、将来的に、できるだけ少なくするように努めること
(4) 不透明性を排除するため、関与は書面によること（**書面主義**）
(5) 関与について国と自治体で争いが生じた場合は、第三者機関の勧告に委ねること

その具体的な内容について、順に見ていくことにしましょう。

関与法定主義

地方自治法245条の2は、自治体は「その事務の処理に関し、法律又はこれに基づく政令によらなければ……国又は都道府県の関与を受け、又は要することとされることはない。」と規定しています。

この規定は平成11年の地方自治法改正で新たに設けられたものですが、それまでは、通達で国への協議を義務付けたり、慣例的に同意を求めたりといったようなことが行われていました。

改正された地方自治法が施行されてからは、このような行為が仮に行われても、自治体はそれに応じる必要はないこととされました。

関与の類型化

地方自治法245条は、関与の形態について、次のように規定しています。

① 助言又は勧告（勧告には尊重義務が伴い、助言より少し重いですが、いずれもアドバイスなので、それに従わなくても違法ではありません。）
② 資料の提出の要求
③ 是正の要求（是正の要求ができるのは、ア違法なとき　イ著しく不適正で明らかに公益を害しているとき　の2つのうちのいずれかの場合に限られています。）
④ 同意
⑤ 許可、認可又は承認
⑥ 指示
⑦ 代執行（代執行できるのは、ア違法なとき　イ事務の処理を怠っているとき　の2つのうちのいずれかの場合に限られています。）
⑧ 協議
⑨ その他具体的かつ個別的に関わる行為

以上のように関与を類型化し、明確にすることによってパターンごとに関与の範囲を限定、最小化しようとするものです。

最近、(1)議会を開会せずに専決処分を乱発している市長に対して、知事が是正の勧告を行いました。また、(2)東日本大震災により投票所となるべき小中学校が破損したため統一地方選挙の県議会議員選挙の選挙事務に協力しなかった市長に対して、知事が是正勧告を行いました。2つの例とも対象となる議会事務や市立小中学校の管理事務は自治事務でしたので、知事が行えるのは、是正の勧告に留まらざるを得ず、いずれの場合も、市長は知事の勧告に従いませんでした。

なお、(2)の県議会議員選挙そのものについては、第2号法定受託事務ですので、県の選挙管理委員会から市の選挙管理委員会に対して「是正の要求」が行われましたが、これについても、聞き入れられませんでした。直接的には、勧告や要求には従いませんでしたが、知事の勧告が

1つの契機となって、(1)専決処分乱発の市長については、リコール運動が起こり、(2)選挙事務については、統一地方選挙の期日には間に合いませんでしたが、当初の予定より早く再選挙が行われるという間接的な効果が生じています。

関与の最小化

自治体の事務の種類に応じて、先に説明した関与の類型ごとに限界を明確にし、関与を必要最小限なものにするため、地方自治法245条の3は次のように定めています。

関与の類型	自治事務	法定受託事務
④同意	法定計画の策定などを除き避ける	
⑤許可、認可、承認	法人設立などを除き避ける	
⑥指示	国民の生命保護などを除き避ける	
⑦代執行	できる限り避ける	
⑧協議	計画の調整などを除き避ける	計画の調整などを除き避ける
⑨個別的に関わる行為	できる限り避ける	できる限り避ける

また、これらの形態以外でも、できる限り、関与を必要最小限のものとし、自治体の自主性、自立性に配慮しなければならないこととされています。

なお、この関与の最小限の原則に基づき⑤許可、認可、承認は、法人設立などを除き避けることとされていることから、地方債の許可制が原則協議制へ、法定外税の許可制が同意の制度へと、それぞれより関与が少ない方法へと変更されました。

一般的な関与のルール化

関与の類型のうち④〜⑨については、先に説明しましたが、これらの

関与を行うためには、関与法定主義の原則に基づいて個別の法律の規定が必要とされています。

関与の類型として、より一般的な①～③については、地方自治法自体がそれぞれの類型ごとに関与の内容を規定し、関与法定主義の原則を満たすという方法を取っています。

関与の類型	自治事務	法定受託事務	根拠条文
①助言又は勧告	できる	できる	自治法245条の4
②資料の提出の要求	できる	できる	自治法245条の4
③是正の要求	できる	―	自治法245条の5
是正の勧告	できる	―	自治法245条の6
是正の指示	できない	できる	自治法245条の7
代執行など	できない	できる	自治法245条の8

このうち、代執行については、法定受託事務に限って、

ア　違法な執行や不作為の場合で他の方法では是正できず、そのままでは公益に反するとき

イ　各大臣から文書で、期限を定めて、是正を勧告―是正されず→是正の指示―是正されず

ウ　各大臣から高等裁判所に提訴→期限を定めて是正を命じる判決―是正されず

エ　各大臣が代わって執行

という手順を踏んで行われます。

また、自治事務については、もともとが自治体の事務ですので国の大臣が代執行を行うことができないのは言うまでもありません。ただし、極めて例外的なものですが、国が直接その事務を行うことが認められているものがあります。

国の利害に重大な関係がある建築物（防衛や外交上の観点から国家機密に関連する建物など）についての建築確認事務などの例です（建築基準法17条）。

これは、自治体の事務の執行とは別ルートで、国が直接に事務を執行

するので、**並行権限の行使**と呼ばれています。

ごく例外的な措置ですので、個別の法令に規定がある場合に限って行うことができ、緊急の必要があるときを除き、事前に自治体に文書で通知しておかなければならないとされています（自治法250条の6）。

書面主義、処理基準など

関与について、不透明性やあいまい性を避けるため、原則として文書によること、自治体から要求があった場合は文書を交付しなければならないことなど書面主義の原則が貫かれています（自治法248条など）。

また、法定受託事務については、国は、その事務を処理するに当たってのよるべき基準を、必要最小限の範囲で定めることができるとされています（自治法245条の9）。

この章では、国と自治体という関係を念頭に置いて説明しましたが、自治体間でも都道府県と市町村との間で従来のタテの関係がヨコの関係へと変化しています。そのため、この章の説明で国と自治体との関係を都道府県と市町村の関係に置き直してもあてはまるものが多くあります。

2　自治体から国へ

ここがポイント

> 国と自治体の関係がタテからヨコへと変化したことに伴い、自治体の意向を国の政策に反映させるためのシステムが整備され、また、国の権限の一部を自治体に移譲できるような広域連合や国の権限の地域での特例を認める構造改革特区制度なども整備されてきています。
>
> さらに、国と自治体のあり方を大きく変える道州制の議論も本格化してきています。

意見の発信

国と自治体との関係がタテからヨコの関係に変化したことに伴い、自

治体の意向が国の政策により反映されやすくなりました。

　従来は、陳情やお願いベースで地方の実情を訴えて、国の政策に反映してもらうという手法が取られていましたが、自治体の意見をまとめて国へ申し出、国の方でもその意見を尊重するというシステムが制度的に認められるようになりました。

　平成15、16年の三位一体改革では国の補助金などの削減に全国知事会など自治体の連合組織が主体的な役割を果たしました。

　個別の法律においても、地方の計画を積み上げて国の計画を作った例もあり、地方の意見が従来以上に国の政策に反映されるようになってきています。

　また、171頁以下で説明しましたが、条例が先行し、その後を法律が追いかけるといった事例も数多く見受けられるようになりました。

　しかしながら、対等の関係になったということは、ある意味では大変なことで、無責任なことが言えなくなり、場合によっては応分の負担を覚悟しなければならないということでもあるのです。

　先の三位一体改革でも、自主財源の地方税こそ増加しましたが、トータルの財源の額では減少するなど応分の痛みにも耐えなければならなかったといった例です。

　また、JR新幹線の駅の誘致についても、従来は国と地方の経費負担の原則から自治体が経費負担をするのはおかしいとされてきましたが、応分の負担もするというように制度変更されたような事例もあります。さらに平成23年には、国と自治体との協議の場が法定化されましたが、これについては234頁を参照してください。

国の権限移譲も

　195頁で説明しましたが、広域連合は国の権限移譲の受け皿となれる点に特色があります。また、現在、道州制論議が本格化していますが、これは、都道府県を9～13のブロックに集約し、その道州と市町村の2層制の自治制度にしようとするものです。

　道州制では、道州の権限が増え、「自己決定と自己責任」の範囲が拡

大するので、地方自治の観点から望ましいうえ、さらに、国の地方ブロックの出先機関も吸収できるので、国地方を通じた行政改革にも資する点にもメリットがあります（問題点などは199頁を参照してください。）。

これによって国も地方の仕事から解放され、外交、防衛、金融など本来の国の業務により専念できるようになり、より長期的に、より広い視点からわが国の舵取りができるようになると思われます。

道州制は、昭和30年代にも、経済界からの強い要望で研究されたことがありましたが、このときの議論は、都道府県の広域化といった観点からのもので、機能的には現在の都道府県と同レベルのものでした。今回議論されているのは、国地方を通じる権限配分の中での道州制ですので、現在の都道府県とは別のレベルの自治体となるということです。

さらに、構造改革特区（187頁「ちょっとひと休み」参照）のように国の法律の適用の例外を認める制度もありますが、これも形を変えた権限移譲と言えます。

3　見解が分かれたとき─国地方係争処理委員会

ここがポイント

国と自治体で国の関与に関して争いがある場合に、常設の国地方係争処理委員会の勧告を求めることができます。同様に都道府県と市町村に争いがある場合は事件ごとに置かれる自治紛争処理委員の勧告を求めることができます。

国地方係争処理委員会

206頁で説明した国の関与のうち、
(1) ③是正の要求、④同意の拒否、⑤許可の拒否など公権力の行使に関するもの
(2) 不作為
(3) ⑧協議

について、自治体の自主性や自立性を損なうような関与があったと認められる場合などに、自治体はその関与があった日から30日以内に文書で、関与の是正を求めて**国地方係争処理委員会**に審査の申し出をすることができます（自治法250条の13）。

この申し出があった場合、国地方係争処理委員会は期間を定めて審査を行い是正のために必要な措置をとるように勧告することができます（自治法250条の14）。

この勧告があった場合は、国は勧告で示された期間内に勧告に沿った措置を行わなければならず、行わないときには自治体は訴訟を提起できます。

国地方係争処理委員会は、国と自治体が揉めて、見解の相違が生じた際に必要な勧告を行う委員会ですので、その委員は国と自治体の行政を良く知っており、さらに、自治体の長や国の大臣があの委員さん方の委員会の勧告だからしぶしぶながらでも納得しようと思うくらいの権威のある人でなければなりません。

そのため、地方自治法250条の9は「委員は、優れた識見を有する者のうちから、両議院の同意を得て、総務大臣が任命する。」と定めています。

国地方係争処理委員会は、この委員5人で構成され、総務省に常設の委員会として設置されています（自治法250条の7、250条の8）。

勝馬投票券発売税に関する国地方係争処理委員会の勧告

わが国ではギャンブルは一般的に禁止され、ギャンブルを行った者は刑法の賭博罪の処罰の対象となります。しかしながら、実施主体が公共団体（自治体や特殊法人の日本中央競馬会（JRA）など）で、個別の法律に根拠を有し、その収益金の一部が公共の福祉の増進に使われる場合に限って例外的にギャンブルが認められています。

わが国の場合は、競馬、競輪、競艇（モーターボート）、オートレースの4つが公認のギャンブルです（149頁の予算の種類のうち収益事業会計として経理されています。）。

ほとんどのギャンブルは実施主体が自治体ですので、収益金は自治体の収入（現在は国民のギャンブル離れなどもあり経費の方が多くかかるところもありますが……）になります。ただし、中央競馬に限っては、日本中央競馬会が実施主体ですので、収益金は日本中央競馬会のものとなり、場外馬券売り場（法律的には、勝馬投票券発売所と言います。）があって、その売り場での売上げにその自治体の住民が貢献していたとしても、自治体の収益にはなりません。

　そこで、平成12年に横浜市が法定外税として、横浜市にある場外馬券売り場の売上げに一定割合（100分の5）を乗じる勝馬投票券発売税を新設することとして、地方税法669条の規定に基づき、総務大臣に協議しました。

　総務大臣は、その協議に対して、不同意とできる3つのケース（地方税法671条）の1つ「国の経済施策に照らして適当でない」にあたるとして、不同意としました。

　そこで、横浜市長が総務大臣は同意すべきという勧告を求めて、国地方係争処理委員会に審査を申し立てました。

　委員会は、総務大臣は2週間以内に横浜市との協議を再開するようにとの勧告を行いました。この勧告を受けて協議が再開され、結果的に横浜市が勝馬投票券発売税の新設を断念しました。

自治紛争処理委員

　先に説明した国地方係争処理委員会は、国の関与に関する紛争を処理するものですが、都道府県の市町村に対する関与に関して紛争が生じた場合は、**自治紛争処理委員**が勧告をすることとされています。

　自治紛争処理委員は「優れた識見を有する者のうちから、総務大臣又は都道府県知事」によって、事件ごとに、それぞれ任命されます（自治法251条）。

　国地方係争処理委員会と比べ、委員の数が3人であること、常設ではなく事件ごとに任命されることなどを除き、関与に関する勧告については、期待される役割に変わりはありません。

もっとも、自治紛争処理委員は、従来から、自治体間で紛争がある場合に、紛争当事者の双方の自治体からの要請を受けて、問題解決のための調停を行ってきており、この機能などは従来と同様に今後も行っていくこととされています。

司法に解決を求める

自治体と国との関係が対等になったことを象徴するものに、司法による解決があります。

国の関与に問題があるとして国地方係争処理委員会が必要な措置を講じるべきと勧告したにもかかわらず、国が必要な措置を講じなかった場合、自治体は高等裁判所に訴えて、国の関与を取り消してもらうことができます（自治法251条の5）。

また、逆のバージョンとなりますが、第1号法定受託事務について国が是正の指示を行ったにもかかわらず、自治体がその指示を握り潰して、国地方係争処理委員会に審査の申し出もせず、指示に沿った措置も講じない場合、国は高等裁判所に訴えて、自治体の不作為が違法であると確認してもらうことができます（自治法251条の7）。

これらの2つの制度は、極端な例ですが、特に後の方の制度は、平成24年の地方自治法改正で追加されたもので、従来の国と自治体とがタテの関係であった時代では、思いもよらないシステムです。

現実的には、司法の手を煩わせるまでもなく、政治的に解決されることが多いと思われますが、こういう制度が地方自治法に用意され、団体自治が一層進展した点を理解いただければと思います。

 ちょっとひと休み

秋山参謀の手紙

　日露戦争の勝利を決定づけた日本海海戦の完全勝利を演出したことで有名な名参謀といえば、秋山真之海軍中佐ですが、その彼が毎日、乃木陸軍大将の岩村参謀に書き送った手紙があります。海軍の必要性から旅順港外の203高地を陸軍に攻め取ってもらうための手紙で、陸軍の立場を尊重しながらも、攻撃の必要性を切々と書き綴ったものです。

　正岡子規の親友で若い頃には文学への道を志したこともある秋山さんらしく、大変な名文で、しかも、毎日の手紙にもかかわらず、1つとして重複した箇所がないという驚くべきものです。さらに、感心するのは、戦時下で切羽詰まった状況下にもかかわらず、対等な関係の陸軍に対して、相手の立場を慮りながら203高地への攻撃の必要性を理解してもらおうと努めている点です。

　この手紙の例でも分かるように、対等の立場というのは、ある意味で大変に辛いものです。タテの関係であるならば「203高地を攻撃せよ」とたった一言で済むものを何百言をも費やして説得しなければならないのですから……。

　しかしながら、その大変なことが、価値観の多様性を維持し、豊かな未来を拓くために必要なのです。

　地方分権の進展に伴い、国と自治体との関係が対等、協調のヨコの関係に変化しました。そうすると、対話と説得、相互理解の関係に立つのが基本ということになります。

　本文でも説明しましたように、国からの関与が類型化され明確にされましたが、本来の対等の関係から考えれば、さらに関与そのものをできる限り少なくし、対話と説得、相互理解の関係を増やしていくことが必要と思われます。

10章 まちづくりに積極的に参加しよう

1 まずはよく知ることから

ここがポイント

> 自治体が持っている情報は、住民の税金で集めた住民との共有財産であるという意識に基づいて、従来からの公報や広報誌のほか、ホームページなどを活用して積極的に情報提供する自治体が増加しています。
> また、住民の権利として自治体の情報の開示を請求することを認めた情報公開条例によって、自治体行政がより透明に、より公平になってきています。

自治体のホームページをクリック

私たちの住んでいる、あるいは、通勤、通学している自治体のホームページをクリックしてみましょう。

　自治体の位置や人口、庁舎や役場への地図といった基礎的情報
　長や教育委員会などの行政委員会とその組織や議会の議員の紹介
　印鑑登録の写しを交付する窓口などいろいろな窓口の案内
　休日急患の病院や消費生活センターなど困ったときの連絡先などの案内
　新年度の予算や主要な政策の説明
　新しい施設の完成や新しい条例の制定といった最新の動き

など、実に多くの情報を入手することができます。

また、ときには、パブリック・コメント条例で私たちの意見（パブリック・コメント）を求めているページにたどり着くこともあります。そんな折には積極的に意見をメールしてみましょう。

また、従来から公報や広報誌の配布なども行われています。

このうち、**公報**は、条例や公安委員会の委員の任命などを公に知らせるもので、庁舎や役場の掲示板で目にすることができます。

ちなみに、条例が**公布**されたと言えるのは、条例が公報に登載され、一般人がその公報を入手可能な状態になった時点からと解されています。

また、広報誌は定期的に（月刊や季刊が一般的）、自治体の政策などをPRするために発行され、自治会長などを通じて、あるいは、新聞の折込みによって、各戸に無料で配布されます。

最近は、アウトソーシングの一環として、広報誌に地元企業の広告をのせたり、地元商店街のクーポン券（そのクーポン券を持っていくと商品や食事代が割引きとなる。）をのせたりする自治体も出てきています。

このほか、予算の公表（自治法219条）、監査委員の監査の結果の公表（自治法199条）、人事行政の運営状況の公表（地方公務員法58条の2）など、個別の法律によって**公表**が義務づけられているものもあります。

いずれにせよ、その気になって探してみれば、いくらでも、自治体の情報を入手することができますので、気軽にトライしてみましょう。

議会を傍聴

109頁以下で説明したように議会の審議は本会議と委員会に分かれますが、本会議は原則として公開（自治法115条）で、本会議場には傍聴人席も設けられています。

傍聴という用語も古い感じがしますが、傍ら(かたわ)で耳をすまして聴くということで、議員たちや議員と長との議論のやりとりをただ聴くということを意味します。

ただ聴くだけですので、議論に参加したり、野次を飛ばしたり、大声を出したりして議事の進行を妨害したりすることなどは認められていません。

このような行為をした場合には、傍聴規則に基づいて議長から議場外への退出を命じられることがあります。

ただ聴くだけですが、それでも、どの議員がシャープな質問をしているのか、どの議員が居眠りをしているのか、どの部長が熱心に答弁しているのか……などいろいろなことが見えてきます。

また、傍聴人がいることで、議会に緊張感が生じ、レベルの高い議論が生まれるという効果もあります。
　委員会については、スペースの関係もあり、傍聴を前提とはしていませんが、傍聴の申し出の都度、委員長や委員会が判断して傍聴を認めるという取り扱いとなっているのが一般的です。
　とはいっても、最近は議会の透明化、オープン化の流れがあり、プライバシーに関する審議など特別の理由があるものを除き、できるだけ傍聴を認める方向になっています。

 ちょっとひと休み

同時通訳つきの本会議

　多民族国家のシンガポールでは、英語、中国語、マレー語、タミール語の４つが公用語とされており、議会でも、この４ヶ国語で議論が行われています。そこで、議場には４つの同時通訳ブースが設けられ、イヤホンでそれぞれの通訳を聞くことができます。
　まるで、国際会議みたいですね。
　また、国によっては、地域ごとにイントネーションが違っていたり、なまりが強くて、自治体の議会でも同僚議員が何を議論しているのか良く聞き取れないと嘆く議員がいるところもあります。
　その点、標準語が普及しているわが国の議会は恵まれていると言えますが、標準語は人工用語なので、情感に乏しいといううらみがあります。
　そこで、マスコミなどからは分かりにくいという批判は出るかも知れませんが、もっとお国言葉による議論が議会で行われても良いのでは……。
　数年前から、積極的に名古屋弁や宮崎弁で情報発信する首長も現れるようになり、地方の多様性が伺えて心強い限りです。

情報公開条例を活用

情報公開条例は住民などに自治体が有する情報を開示するように請求する権利を、権利として認めたところに歴史的意義を有するものです。

先に説明したホームページや広報誌は、自治体側が住民に知らせたいことを住民に分かりやすく（時には、写真、イラスト、グラフを使って）お知らせするという点に特徴があります。

従って、どの情報を知らせるかという情報の選択権は行政側にあります。また、分かりやすく知らせることが大切ですので、情報はグラフやイラストなどに加工され、加工情報として提供されるのが一般的です。

また、公報や公表は、どの情報を登載したり、公表したりするかについては、法律や条例などで定められており、その情報も加工情報です。

ところが、情報公開条例に基づいて、住民が情報の開示を請求する場合は決裁文書や会議資料やメモなど加工されていない行政の現場で実際に使われている、あるいは、使われていたいわゆるナマの情報が対象となります。

住民などが、この情報を開示して欲しいとして請求する訳ですので、行政側が隠しておきたいと思う情報も開示請求の対象となります。

しかも、情報公開請求権を権利として認めていますので、請求があった場合は開示が原則で、プライバシーの保護や企業秘密など一定の非開示もやむを得ないとされる理由に当たる場合を除いて開示しなければならないこととされています。

この情報公開条例を制定する自治体が出てきてから30年以上が経ちましたが、その間、旅費や食料費など自治体が提供したくないような情報について開示請求がなされ、ずさんな行政の執行や認められない経費への使用やいわゆるカラ出張問題などが明るみになり、その結果、行政の公正化や透明化が随分と推進されました。

いわば、**オンブズマン**（行政の公正さをチェックするために置かれる監察官のようなものでスウェーデン発祥の制度）的な機能を果たしてきました。

最近は自治体の政策を考えるために、政策決定にいたる情報の開示を

求めて情報公開制度を活用する例が増えてきています。

例えば、贅沢な施設を造ったが、バブル期で過大な利用者数を見込んだのではないか、その利用者数の算定の根拠やそれを承認した審議会でどんな議論が行われたかなどの情報です。

いずれにしても、住民たちが主体的に自治体の情報を求め、自治体の政策の良否を判断しようとすることは、住民自治の観点からも望ましいことと言えます。

また、自治体の中には、積極的に政策に関する情報を住民に提供し、住民とともに政策を考えようとするところも出てきています。

2　自治体も住民参加を呼びかけ

ここがポイント

> 地方分権の進展に伴い自治体の権限や財源が増加し、自由度が増したこと、地域のことに眼を向ける住民が増えてきたことなど客観情勢が変化したことに伴い、地方自治法が予定している住民参加のシステムをさらに進めて、住民基本条例、住民投票条例、パブリック・コメント条例などを制定し、住民の積極的な参加を求める自治体が増えています。

住民基本条例

最近、住民基本条例（まちづくり条例という題名にしている自治体もあります。）、住民投票条例、パブリック・コメント条例などを制定する自治体が増えています。

住民基本条例は、まちづくりの主役は住民であると位置づけたうえで、住民と情報を共有し、行政の各段階（計画策定、予算案策定、審議会の委員、条例策定など）に住民の参加を求める総合的な条例です。

住民投票条例も、同様ですが、特に主要施策に住民の意思を反映させるという点にポイントを絞っている条例もあるなど、総合性よりも個別具体性が強いというニュアンスの違いがあります。

また、**パブリック・コメント条例**は、住民の権利を制限したり、住民

に義務を課したりする条例を策定しようとする場合に、あらかじめ条例の原案を住民に示し、住民の意見（パブリック・コメント）を求め、それを条例に活かす（修正したりします。）ためのものです。

住民参加の歴史

わが国の地方自治は、第3章（54頁以下）で説明しましたように、間接民主主義を前提に、私たちが選挙で選んだ長や議会の議員に自治体の運営を任せ、
(1) その運営が私たちの思いと大きく外れた場合は、長の解職請求や議会の解散請求を
(2) 個別の問題に私たちの意思を反映させたい場合は、条例制定の直接請求を
(3) 違法な又は不当な公金の支出があると私たちが考える場合は、住民監査請求を
それぞれ行うことで十分にコントロールでき、住民自治が実現できるとの考えの下に制度が組み立てられていました。

さらに、長も議会の議員もそれぞれ直接に選挙で選任されるので、その長と議会の議員の緊張関係（チェックアンドバランス）を通じて、公正な行政や私たちの思いを実現する行政が行われるとも考えられていたのです。

ところが、時代の大きな変革期では、この地方自治法が予定しているシステムでは十分に住民自治を実現できなくなり、積極的な住民参加が必要とされてきたのです。
(1) 昭和40年代の住民参加の盛り上がり

少し昔の話になりますが、昭和30年代から始まった高度経済成長に伴い公害問題がより深刻となってきました。この公害問題への取り組みへの期待から、東京、大阪、横浜など多くの自治体で経済発展よりも環境保全や公害対策に力を入れる知事や市長が出てきましたが、一方、議会は依然として経済成長派が多数を占めていました。

そこで、知事や市長は、議会の反対を押し切ってでも、自分の思いを実現するために住民のパワーを必要とし、住民参加を求めたのです。

このときの住民参加は、知事や市長の公害防止条例（国の規制よりもさらにきつい規制を行ういわゆる上乗せ条例や、国の規定の対象物質以外の物質も規制の対象とするいわゆる横出し条例など）の制定を支援する支援集会などの支援型や公害物質を排出する工場の建設を反対したり、騒音公害のもとと言われた新幹線の建設や高速道路の建設を反対する反対型のものでした。

(2) 平成の住民参加

平成に入ると、"Lost 2 Decades"（失われた20年）と言われるように、戦後わが国の成長を支えてきたシステム（年功序列型の人事、福利厚生から娯楽にいたるまで丸抱えしていた企業一家主義など）にほころびが目立つようになってきました。

また、情報公開条例に基づく30年に及ぶ情報公開から、自治体の中には、不透明な支出をしたり（現在は是正されましたがいわゆるカラ出張など）、計画性のない施設を造ったり（バブル期に造られ、ほとんど入館者のいない過大な美術館、記念館など）するところもあるということも分かってきました。

そこで、国の官僚や自治体の役人に任せてはおけないという機運が生じてきました。

これが、平成の住民参加の消極的な側面から見た要因です。

積極的な理由

先に平成の住民参加の消極的要因を説明しましたが、より積極的な要因として、

(1) 地方分権の進展に伴い、従来の機関委任事務が法定受託事務や自治事務に変更されたため、自治体の自由度が増加したこと
(2) 政令指定都市、中核市など市の区分が精緻となり、それぞれに自治体の権限と業務が増加したこと
(3) 市町村合併により、スケール・メリットが生じ、職員の研修にあて

る時間も増加するなど職員の能力がアップしたこと
(4) 市町村合併により人口が増加し、政令指定都市、中核市になる自治体が増加し、総体として自治体の権限と業務が増加したこと
(5) 構造改革特区制度により、国の規制の例外が認められるなど、自治体の自由度が増したこと

から、意欲のある住民が自治体行政に興味を持ち始めました。また、意欲的で有能な人材が長や議員となり、新しいことにチャレンジし始めましたが、この際にも住民の後押しが必要となるため、積極的な住民参加を求めるケースが増えています。

住民の意識の変化

先に説明したように企業丸抱えという日本の企業風土が変化したため、従来の仕事人間、会社人間が、自分の住んでいる地域や自治体の仕事に目を向けるようになってきました。

特に、**2007年問題**と言われたように団塊の世代が退職時期を迎え、退職後の生きがいを地域に求めるような人がたくさん出てくるようになりました。

このような人々の中には、元気で高い専門性（パソコンのプロ、外国語のプロ、造園のプロ、デザインのプロ、法律のプロ、経理のプロなど）や高い意欲を持っている人も大勢います。

このような人々とうまくコラボレーション（協働）していけば、自治体の地域づくりにも大変な力になります。

まちづくりへ多彩な参画のルート

先に住民とのコラボレーションが大切と述べましたが、まちづくりは、自治体の長や議員や職員に任せておけばよいといったものではなく、住民一人ひとりが主体的に参画することによって、さらによりよいまちができあがります。

しかも、その住民の参画のルートも実に多様で多彩なものとなってきています。

(1) 町内会、自治会

　住居を中心とした任意加入の集まりで、最も古くからあるコミュニティの1つです。平成3年の地方自治法の改正で、一定の要件を満たし、市町村長の認可を得た場合に**地縁による団体**として法人格が認められ、町内会や自治会として法律行為ができるようになったことは、先に説明したとおりです。

　町内会や**自治会**は、地道な日常活動が身上ですが、最近は地域の清掃や、地域の防災活動などで、その重要性が改めて脚光を浴びてきています。

　筆者自身も何人かの町内会長を知っていますが、町内会長は毎日、駅前や市街地の清掃をし、通行人のタバコのポイ捨てを注意したり、子供たちの深夜徘徊を注意したりしています。こうした日常活動を通じて、まちづくりにもしっかりとした考え方を持っています。

(2) まちづくりNPO

　平成10年に制定された特定非営利活動促進法いわゆるNPO法に基づいて設立された法人で、住所にこだわらず、まちづくりに対する熱い共通の思いを有する人たちの集まりです。

　NPO法自体が、平成7年の阪神淡路大震災からの復旧のためのボランティア活動を契機として、ボランティア活動をやりやすくするために制定されたもので、まちづくり、社会教育など17の分野のNPO法人について、認証という比較的容易な手続きで設立でき、しかも一定の税の優遇措置などが受けられるというしくみとなっています。

　まちづくりNPOは、自治体の総合計画作り、地域の特産物や伝統などを活かした地域おこしなどに主体的に参画したり、まちづくりシンポジウムを開催したりしています。

　少し変わった例では、自治体の長のマニフェスト（目標年次や数値が明示された公約）の達成度をチェックしているまちづくりNPOもあります。

　また、社会教育のNPO法人などもテニスの会、俳句吟行の会などの活動を通じて間接的に地域のコミュニティづくりに貢献しています。

住民と自治体のコラボレーション（協働）

　今まで説明してきましたように、いろいろな要因が積み重なって、平成の住民参加が大きなうねりとなっています。

　また、住民参加のルートも多種多様なものが用意されています。現実に行われている住民協働の例に、

- 協働の指針作り…NPOと行政が対等の立場で協議し、「協働ルールブック」、「協働ロードマップ」を作成し、幅広い分野で活動
- 協働で総合計画を作成…基本構想、総合計画の原案段階からの住民参加
- WHOの認証取得…住民との協働による安全・安心まちづくりを進め、WHOのセーフコミュニティの認証を取得
- 地域協議会の活用…住民の公募公選による地域協議会を中心に、地域自治区単位の地域づくり
- 地区協議会の活用…学校区を単位とする「地区コミュニティ協議会」による地域づくり
- まちづくり（株）の活用…公益的デベロッパーとして「まちづくり株式会社」が、地元商店街とともに各種の市街地活性化事業を実施
- 住民活動の助成…住民を審査員に加えた公開プレゼンテーションで住民活動への助成

などがあります。

　また、自治体の中には、協働の実績を「ふりかえり会議」で検証し、それを踏まえて「地域づくり推進条例」を制定し、さらなる一歩を進めているところもあります。

　このような流れの中で、住民とうまく**コラボレーション（協働）** した自治体が、豊かで住みよい自治体となっていくことでしょう。

　私たちも、機会があれば、自治体の地域づくりに参加するという積極的な姿勢を持ちたいものです。

 ちょっとひと休み

新しい公共

　この住民、NPO、行政のコラボレーションについて最近、「新しい公共」という表現が用いられるようになってきました。これは、イギリスの新しい行政手法（173頁 New Public Management：NPM 参照）の1つの官民協働（Public Private Partnership：PPP）の考え方の影響によるものです。

　もっとも、わが国の場合は従来から行われていた（167頁「江戸時代から PFI」参照）方法ですが、このように手垢のついていない新しい表現でスポットライトを浴びることによって、より一層の進展が期待されます。実際に、市民協働推進局という組織を作る自治体が出てきましたし、国も NPO 代表や有識者から構成される「新しい公共」円卓会議を設置しました。

　今後はこの流れが一過性のものとならないように、ファイナンス面での支援（例えば、「新しい公共」活動に寄付した場合の税の控除、低利の融資制度）や情報面での支援（例えば、成功事例や問題点などの情報共有のためのシステム）など実質的な支援システムの構築が急がれるところです。

11章 平成の地方分権

1 地方分権の必要性

ここがポイント

地方分権については、従来から営々とした努力が続けられてきましたが、平成になって大きく進展しました。これは歴史的要請であり、世界的な傾向ですが、IT技術の発達もこの流れを加速させています。

地方分権で国のかたちも変化

平成の地方分権で、この国のかたちに大きな変化が生じました。

団体自治が、大きく進展し、自治体の自主性、自立性が拡充され、国との関係もタテからヨコの関係になり、対等になりました。

地方分権は、国と自治体との権限や事務の配分の問題で、直接私たちの暮らしとは関係ないように思われるかもしれませんが、身近な自治体の権限が増えることは、それだけ地域の特性に応じた行政ができることになりますし、地域の課題に迅速に対応できるようになります。また、自治体が身近な存在であるだけに、私たちの声も行政に活かされやすくなるのです。

これまでの各章では、変化（改正）後の最新の地方自治の姿を説明していますが、本章では、何が変わったのか、変化自体にスポットをあてて説明します。まず、最初に、平成の地方分権のポイントについて簡単に整理し、次の12章で、地方分権によって変わったと実感できる出来事について見てみます。

江戸の地方分権から明治の中央集権へ

　地方分権という言葉が日常茶飯に使われるようになってきました。また、最近では地方分権に代えて地域主権という言葉も耳にするようになってきました。

　ではなぜ、今、地方分権が必要なのでしょうか。

　47頁でも触れましたが、少し歴史的な観点から考えてみましょう。

　わが国の場合、江戸時代は、ほぼ完全な地方分権でした。江戸幕府は征夷大将軍という職と旗本八万騎と呼ばれる武力でもって諸藩ににらみを利かせているだけで、各藩のことには口出しができず、各藩は独自に年貢の割合を決め、治安維持などの行政を行い、藩札（貨幣）を発行し、藩校を持ち……といった具合でした。

　各藩の自由度が大きかったために、ケネディ米国大統領が尊敬する日本人として名前を挙げた上杉鷹山公（米沢藩）、西郷隆盛を育て藩の近代化を推進した島津斉彬公（薩摩藩）などの名君を輩出できたのです。

　ところが、ペリーの黒船が浦賀沖に姿を現わしてからは、様相が一変します。近代的な軍艦や大砲を持った西洋列強相手に国内がバラバラでは、対抗できず植民地にされてしまうおそれがあります。このおそれが坂本龍馬などの幕末の志士を突き動かし、明治維新の原動力となります。

　この結果生まれた明治政府は、徹底した中央集権政府でした。まず、廃藩置県を行い、藩主を廃止し、中央から知事を派遣するという強引なやり方で中央に権力を集中させました。

　そして、中央官庁主導のもとに西洋文明を取り込み、「殖産興業」を行い、国民に兵役の義務を課して国民軍を創設する「富国強兵」の道にまい進していきます。こうする以外に、西欧列強に対抗する方策がなかったからです。

　この中央集権システムは、明治時代には比較的うまく機能しますが、明治維新を知る元勲たちがいなくなった大正に入ると、大正デモクラシーの流れ、世界各国での革命の動きなどにうまく対応できず、その結果、軍部の台頭を招き、太平洋戦争、敗戦へと坂道を転がっていきま

す。

　この反省もあって、戦後、憲法で新たに地方自治の章が設けられ、地方自治の基礎が確立され、地方自治がゆるぎなく育ってきたことは、本書のいままでの各章の説明でお分かりいただけることと思います。

高度経済成長期の新中央集権から平成の地方分権へ

　一方、経済に目を転じると、敗戦で焼け野が原になった国土から立ち上がるために、「追いつけ追い越せ」を合言葉に、官僚の指導のもと、政治、行政、産業界が一体となって、欧米式の近代マネージメントの取り込みを図り、努力を重ねた結果、"Japan as No.1"と言われるまでの実力をつけるようになってきました。

　その過程で情報、補助金をはじめとする奨励措置、税の特例措置などを一手に握る中央官庁への依存が進み、東京へ本社を移転する企業が続出し、経済の一極集中化が進みます。

　地方自治においても同様の現象が生じ、**新中央集権主義**（New-Centralization）と呼ばれるようになります。

　ところが、平成に入ってバブルが崩壊すると、このシステムがうまく機能しなくなり、わが国の経済は長い不況のトンネルに入ってしまい、"Lost 2 Decades"（失われた20年）と呼ばれるような事態となってしまいます。

　この事態打開のためには、従来のシステムを変更する以外に方法はないとして、

(1) 郵政民営化などの**「官から民へ」**の運動
(2) 官僚的発想を変えるための**「政治主導」**の行政運営
(3) **「中央から地方へ」**の地方分権の動き

などの改革が、ときには総選挙を行ったり、ときにはマスコミを取り込んだりして、大胆に行われました。

　これらの改革の中には迂回を余儀なくされたり、一時頓挫したりしたものもありますが、そんな中で着実に進んでいるのが地方分権の歩みです。

2　平成の地方分権の歩み

ここがポイント

　第1次地方分権では、機関委任事務の見直し、市町村合併、財政の三位一体改革が、第2次地方分権では、国と地方の協議の場の法定化、義務付け・枠付け規定の見直しなどが行われています。
　また、施設・公物の設置や管理に関する基準についても、一定の幅の中ではありますが、従来の法令基準に代えて、より地域の実情に沿った基準となるように、条例で定めることとなりました。
　さらに、都道府県から市町村への分権も進んでいます。

着実な地方分権の歩み

　地方分権の歩みが着実に進んだのには理由があります。
　まず、第一に、戦後70年にわたって、地方分権への努力が自治体を中心に営々として続けられていたという着実な基盤があること
　第二に、中央の硬直的な画一性ではなく、地方の柔軟で豊かな多様性が、新しい時代に必要とされていること（これは、世界的な傾向で、バンガロール、インチョンなど首都以外の都市の経済発展が著しかったり、タイやフィリピンなどでも地方分権が進展していることからでも伺うことができます。）
　第三に、IT技術の発達により、地方でも世界の最新の情報を入手でき、また逆に、地方の情報も容易に発信できるようになってきたため、情報の流れ、人の流れ、商流、物流で中央と遜色がなくなってきたこと
　第四に、均衡ある国土の発展や国全体の安全保障といった観点から、多極的な分散国土形成が必要で、そのためには地方分権が前提となること
などの理由です。
　地方分権の流れは次の小史のとおりで、

＜**第1次地方分権**＞では、
①国と自治体との関係をタテからヨコの関係に変える機関委任事務などの見直し
②地方分権の受け皿としての市町村の規模及び能力拡大を図るための合併促進
③自治体の自主財源を増やすことを目指した財政の地方分権といえる三位一体改革
などが行われました。

次いで、地方分権のさらなる深化を目指した＜**第2次地方分権**＞では、
①国と地方の協議の場の法制化
②義務付け・枠付け規定の見直しや廃止
③自治体の自主性に基づいて支出できる一括交付金の創設
など、より具体的な取り組みが行われています。

平成の地方分権小史

＜第1次地方分権改革＞
　平成7年　　　　地方分権推進法の成立
　平成11年　　　 地方分権一括法（475法律の改正）の成立
　　　　　　　　　　　　　　＜タテからヨコの関係に＞
　　機関委任事務が自治事務と法定受託事務に、
　　それに伴って、国の関与の改正など
　平成11〜18年　平成の市町村合併　　　＜分権の受け皿づくり＞
　平成15，16年　三位一体改革　　　　　＜財政面での地方分権＞
＜第2次地方分権改革＞
　平成18年　　　地方分権改革推進法の制定
　平成21年　　　地域主権戦略会議の発足
　平成21年　　　地域主権改革推進計画（閣議決定）
　　・義務付け・枠付けの見直し
　　・条例制定権の拡大

- 国と地方の協議の場の法制化
平成23年　　　「地域主権改革」関連3法の成立
- 地方自治法の改正
- 第1次一括法（「地域の自主性及び自立性を高めるための改革の推進を図るための関係法律の整備に関する法律」42法律の改正）の成立
- 国と地方の協議の場に関する法律

引き続いて
- 第2次一括法（188法律の改正）の成立
　　義務付け・枠付けの見直し（160法律）と基礎自治体への権限移譲（47法律）

さらに、

平成25年　　　第3次一括法（74法律の改正）の成立
　国への通知・届出・報告義務の廃止、職員などの資格の条例委任、都道府県から基礎自治体への権限移譲など

平成26年　　　地方自治法の改正
　指定都市（総合区の設置、指定都市都道府県連絡調整会議の設置）、中核市と特例市との統合、連携協定の創設

平成26年　　　第4次一括法（63法律の改正）の成立
　看護師などの資格者の養成施設の指定・監督などの権限を都道府県に委譲

平成27年　　　第5次一括法（19法律の改正）の成立
　農地転用許可に係る事務権限を都道府県などに委譲
　（ただし、4ha超の農地の転用については、国への協議が必要）

　これらの地方分権のための措置の内容については、次のようにそれぞれ関係する箇所で説明しています。

自治事務と法定受託事務	2章の3
国の関与	9章
市町村合併	8章

ここでは、義務付け・枠付け規定の改正及び協議の場の設定について説明します。

義務付け・枠付け規定の改正

自治体が行うことを国の法律で義務付ける規定を**義務付け規定**と言います。

市町村に基本構想の策定を義務付ける旧地方自治法 2 条 4 項の規定、都道府県に消防広域化推進計画の策定を義務付ける旧消防組織法 33 条 1 項の規定などです。

また、国の法律で枠を規定し、その枠の範囲内で、具体的な数値を自治体が条例で定めるような規定を**枠付け規定**と言います。

人口に応じて議員数の上限枠を定め、その範囲内で条例で議員数を定めるという旧地方自治法 90 条、91 条などの規定です。

第 1 次地方分権で、国と自治体との関係がタテからヨコになり、自治体の事務も機関委任事務から自治事務や法定受託事務に変わりましたが、そうすると、自治体の仕事を国の法律で義務づけたり、枠をはめたりするのは、国と自治体との関係が変化したこととそぐわなくなります。

そこで、平成 23 年のいわゆる地域主権関連三法により、義務付け規定、枠付け規定の改正が行われました。

先に挙げた例では、
- 地方自治法 2 条 4 項の規定は廃止
- 消防組織法 33 条 1 項の規定は義務規定から努力規定への変更
- 地方自治法 90 条、91 条の上限枠の規定は廃止（105 頁参照）

と、それぞれ必要な改正が行われたところです。

施設・公物設置管理基準の見直し

従来、法令で定められていた道路標識の大きさや介護施設の基準などの施設・公物設置管理基準についても、地方分権推進の観点から見直され（1）基準の廃止、（2）条例への委任などの改正が行われました。

なお、(2) 条例への委任については、基準の性質により次の3通りのパターンの考え方に沿って条例で規定することとされています。
① 従うべき基準………必ず適合しなければならない基準ですが、基準に従う範囲内で地域の実情に応じた内容の条例制定も可能です。
② 標準とすべき基準…通常よるべき基準ですが、合理的な理由がある範囲内で、異なる内容の条例制定も可能です。
③ 参酌すべき基準……参考とすべき基準で、地域の実情に応じて異なる内容の条例制定も可能です。

この条例については、平成26年3月までに制定され、例えば、地域の景観に配慮した標識を設置することができるようになるなど、より地域の実情に沿った対応ができるようになりました。

国と自治体の協議の場

国と自治体との関係がタテからヨコに変わったことに伴い、従来ならば国の通達や命令で行われていた仕事が、自治体の理解のもとに、あるいは自治体の意向を積極的に取り入れるという方法で、行われるようになります。このため、国と自治体とがフランクに意見交換することは、地方分権の観点のみならず、将来の国土形成などわが国のあり方から見ても、非常に大切なこととなってきます。そこで、「国と地方の協議の場に関する法律」が制定され、平成23年5月から施行されました。

この法律は、地方分権の推進と自治体が関与する政策の効率的な推進を目的として、官房長官、関係大臣数名と全国知事会会長、都道府県議長会会長など自治体の代表者6名とで構成する協議の場を設けるというものです。

協議の対象は、①国と自治体との役割分担（費用負担の話もこの役割分担の1つ）、②地方行政など地方自治に関する事項（地方行財政の改革についての協議など）、③国の政策のうち地方自治に影響を及ぼす事項（年金、介護をはじめとする社会保障の政策など）です。

この協議は、毎年、定例的に行い、かつ、臨時の必要がある場合は、その都度行うこととされています。
　また、協議の内容については、遅滞なく国会に報告しなければならず、協議が整った事項については、構成員はその結果を尊重しなければならないこととされ、実行についても担保されることとなりました。
　従来から、個別の問題について事実上の協議は行われていたのですが、法律上、先に説明したように自治体は意見の申し出を行い、国はその意見を尊重するという点に留まっていました。しかし、この法律により、さらに進んで、意見交換の場が法定されたこととなります。
　これにより、国が政策を策定する段階から、地方の考え方が反映されることとなり、政策がより、現場に即した、実現可能で柔軟なものとなることが期待されます。

 ちょっとひと休み

見直される「ウィーン会議」

　ナポレオン戦争後のヨーロッパのあり方を定めたウィーン会議。従来は「会議は踊る。されど会議は進まず。」と、その意義について不当に過小評価されていましたが、最近になって、やっと「会議は、踊らざるを得なかった。」と会議を主導したタレーランやメッテルニヒの外交手腕を評価する声が高くなっています。

　というのも、フランス革命でブルボン王朝を倒し、高らかに国民主権を謳ったものの、その後に続く政治的混乱と皇帝ナポレオンの出現、また、周辺諸国はいずれもオーストリアのハプスブルグ家など王朝が存続しているという政治情勢の下で、国民主権か王制か、といった議論を下手に戦わせると、収拾がつかなくなるおそれがあったからです。

　しかし、戦後のあり方を決める会議を開催しないと、政治的空白が生じる恐れがあります。そこで、会議を開催しながら、会議を進めないという苦肉の策がとられることになります。音楽の都、ウィーンで各国の首脳が連日連夜踊り続けたのです。

　今から考えると、誠に奇妙な話ですが、踊ることで各国首脳同士の信頼感が増し、ナポレオン戦争で荒んでいたヨーロッパ諸国民の間にも平和友好ムードが芽生え、戦後につきものの、賠償や領土割譲の話がうやむやのうちに消えてしまって、何となく元の鞘に納まってしまったのです（政治学では、落ち着かせるという意味で"settle"と言われています。）。

　このウィーン会議は極端な例ですが、トップ同士が顔を合わせるということが大切なことは、この話からでも伺えます。

　その意味で、平成23年、国と地方の協議の場が法制化されたということは、一般に感じられている以上に地方分権にとって意義のある出来事なのです。

　といっても、国の閣僚や知事、市町村長が集まってダンスをするようにと、勧めている訳ではありませんので、念のため。

12章 新しい地平（フロンティア）

1 地方分権で、何が変わったのか

ここがポイント

　地方分権の進展で、従来にも増して意欲と能力のある首長や議員が誕生し、より地方の声が国政に反映されやすくなりました。また、私たちの利便性も増加し、私たちの声もまちづくりにより反映されやすくなりました。

■ 私たちの生活にも大きな影響

　平成の地方分権で、この国のかたちに大きな変化が生じました。

　具体的に目に見える変化を中心に変ったと実感できるものについて順次見ていきましょう。

■ 市町村長、知事、国会議員の流動性の増加

　平成の市町村合併で市町村の区域が拡大し、人口も増加したことにより、市町村長の選挙が、知事の選挙や参議院議員選挙（選挙区）に近くなってきました。

　また、一方で衆議院議員選挙が小選挙区比例代表並立制になったことに伴い、全国が295の小選挙区に分けられたため、国会議員の選挙区が、市長の選挙区と同じ、あるいは、市長の選挙区よりも狭いという事態が生じました。

　この結果、
　（1）市町村長から国会議員に　（ニセコ町長、山越村長など）
　　　国会議員から市町村長に　（名古屋市長、浜松市長など）
　（2）知事から国会議員に　　　（佐賀県知事など）

　　　　国会議員から知事に　　　（東京都知事、三重県知事など）
　(3)　市長から知事に　　　　　（秋田市長、松山市長など）
　　　　知事から市長に　　　　　（大阪市長など）
市長村長、知事、国会議員の間の垣根が低くなり、流動性が高くなりました。
　また、国会議員から県議会議員になったという例もありました。
　この結果、市町村の意見が都道府県の行政や国政に反映されやすくなりました。というのも、従来は、市町村の意見であっても、都道府県の行政や国政に都合の悪い場合、知事や国会議員はその意見を無視しても、自身の選挙にほとんど影響がありませんでしたが、三者の流動性が高くなると、知事や国会議員も選挙に安穏としていられなくなり、市町村の意見を考慮せざるを得なくなってきたからです。

個性的な首長の出現

　自治体の権限が増加し、市町村長⇔知事⇔国会議員の流動性が高くなったことに伴い、首長への人材供給源が多様化したため、多彩な人材やユニークな人材が首長になるようになりました。
　彼等の新しいセンスやユニークな行動により、新たな法律が制定されたり、改正が行われたりしました。
　(1)　大阪都構想関連（30頁）
　　　⇒大都市地域における特別区の設置に関する法律
　(2)　議会との対峙と強引な行政運営（125頁　これについては、批判もありますが、結果的に長と議会との関係に新しい局面を開いたとも言えます。）
　　　⇒自治法の改正（専決処分の対象から副知事や副市町村長の選任同意を除外）
そのほか
　(3)　先導的な政策を実施し、国や自治体のシステム改正を先導
　　　自治体を住民へのサービス機関として位置づけて職員の意識改革
　　　行政評価システムの導入、PFI、PPPの導入

行政手続きの透明化
　　　ふるさと納税の提唱
　　　地域おこしの先頭
などの例です。

議会も切磋琢磨

　第5章で説明しましたように、平成の地方分権により、議会に期待される役割も変化し、それにあわせて、議会も自己変革してきました。
　議会基本条例の制定、議決事項の増加への対応、議会の見える化などの例で、執行部と切磋琢磨しながら、新しい地方自治の地平を開いています。

条例の増加

　条例が、増加していることは、第7章で説明しましたが、具体的には、
バーベキュー禁止条例
砂丘落書き禁止条例
ふるさと納税使途条例
空き家管理条例
災害時避難路確保条例などです。
　このように、地域の問題を解決したり、新しい時代に対応したり、災害を教訓として将来同じ轍を踏まないようにしたりするための条例が手軽に、迅速に、タイムリーに制定されるようになりました。
　そのため、マスコミで取り上げられるケースが格段に増加しました。

利便性の増大

(1) パスポートの発給
　自治体間の分権、都道府県から市町村への事務の移譲については、①市町村長への委任の規定　②補助執行の規定　を活用することで可能ではありましたが、地方自治法が改正され、「事務処理特例制度」が創設

（自治法252条の17の2）され、より容易に、より明確に事務移譲を行うことができるようになりました（この創設により、上記の①、②の規定は廃止されました。）。

都道府県知事が事務移譲を行おうとする場合、あらかじめ市町村長と協議し、移譲事務の内容などを都道府県条例に規定することによって行われます。

逆に、市町村長が、事務移譲を受けようとする場合も、議会の議決を経て、知事に要請することができます。それ以降の内容の協議、都道府県条例の制定は先のケースと同様です。

この分かりやすい例に、パスポート（旅券）発給事務の移譲があり、県庁から遠い高山市や日光市でもパスポートを受け取ることができるようになりました。

(2) 標識が変化

法令の基準について、地域の特性に応じ、一定の幅の中ではありますが、国の定めと異なる定めを条例で規定することができるようになりました。

一定の幅も3種類、法令で規定されており、

①ほとんど幅のない「従うべき基準」

②少し幅のある「標準」

③かなりの幅がある「参酌すべき基準」

と分かれています。

この分かりやすい例が道路標識で、法令基準より縮小することにより、美しい山並みなどの景観を標識が邪魔することがなくなったり、他の標識と併せて設置することができるようになり、標識の乱立を整理し、すっきりとしたものにすることができるようになりました。

2　消滅自治体ショックと地方創生

ここがポイント

　少子高齢化のため消滅自治体の出現も危惧される事態となっています。これに対処するため、地方創生が強く望まれます。

消滅自治体ショック

　平成 26 年、消滅自治体ショックが、全国を駆け巡りました。

　この年、戦後初めての人口減少となったのに加え、夏に出版された『地方消滅』（増田寛也編著、中公新書）が、減少を続ける若年女性人口の予測から 896 の自治体が消滅しかねないという衝撃的な予測を発表したからです。

　消滅自治体の数が、全自治体の半数というボリュームもさることながら、地方の自治体のみならず東京の豊島区もその中に入っていたということで、大きな話題となりました。

　そこで、対象に挙げられた自治体はもとより、その他の自治体も、生き残りのため、次のような事業に力を入れ始めています。

(1)　Ｉターン（都会の住民が、田舎暮らしを求めて地方に移住など）対策、Ｕターン（就学、就職などの理由で故郷を離れた住民が再び戻ってくるなど）対策の強化

　　　地方の魅力発信（フィルム・コミッション）

　　　田舎暮らしの相談窓口の設置

　　　公営住宅や空き家などの住宅のあっせん、提供など

(2)　キューピット条例などによる男女の出会いの場の設定（官製の見合い）

(3)　子育てしやすい環境作り

　　　子供の数が増えれば増えるにつれて額が増える出産祝い金や子育て助成金

　　　保育所の増加、送迎バスの運行

子育て支援条例、子ほめ条例

■ スマートに縮む

　各自治体で、懸命の努力が行われていますが、子供を産む生産年齢人口が次々に減少していくと予想される「負（マイナス）のスパイラル」という状況に入っているため、人口減少という大きなトレンドを変えることはできません。

　それならば、人口減少を前提に、少ない人口でも上手く地域が機能し、住民が幸せとなるような政策をしようという自治体が出てきます。

　例えば、

- コンパクト・シティ（郊外の高齢者を市街地に呼び戻し、その狭いコンパクトな範囲で密度の高い行政を行う。）
- スマート・シティ（郊外から自動車の代わりに、高齢者にやさしい路面電車をベースに都市生活を楽しんでもらおうとする。）
- 省エネで環境にもやさしく、高齢者にもやさしいまちづくり
- 人口や経済指標などの数値で他の自治体と競うのではなく、住民の総幸福度（Gross Happiness）を高めることを目標とするまちづくり

などです。

　さらに、高度経済成長期など人口増を前提に「大きいことはよいことだ。」とばかりに建設された大きすぎる、多すぎる公共施設も、その維持管理や老朽施設の更新などで、人口減少期に入った自治体にとっては、重荷となっています。

　そこで、こうした老朽施設の取り壊しにも、地方債を充てることができるようになりました。136頁で説明した地方債理論から言えば、少しおかしいのですが、将来老朽施設を持ち続けて維持管理経費を支出していくことに比べ、地方債を使ってでも取り壊してしまう方が財政の改善に資するという背に腹は代えられないという理由からです。

　このような、老朽公共施設を含め、公共施設の在り方や今後の施設整備などを総合的、計画的に行うために、自治体は「公共施設等総合管理

計画」を策定するように要請されています。

また、こうした流れの中で、自治体の経費節減につながる PFI 手法について再評価されるようになってきています。

地方創生

以上、述べてきたような自治体の努力を後押しするため、国においても、地方創生担当大臣が置かれ、事務局としての「まち・ひと・しごと創生本部」が置かれ、平成 26 年には、「まち・ひと・しごと創生法」が策定されました。

地域振興については、高度経済成長期からいろいろな政策が講じられてきました。

全国総合開発計画	拠点開発方式　新産業都市工業都市 国が国家的戦略的見地から、地方の拠点を選定して指定　補助金、低利融資、税の優遇措置などで、国が主導する
新全国総合開発計画	均衡ある国土発展　過疎過密対策
3 全総	圏域で振興（定住圏、広域市町村圏）
4 全総	地方の発想を積み上げて国の計画に
ふるさと創生	「金を出すから知恵を出せ」ふるさと創生一億円事業　バブル時代の名残
地方創生	「知恵を出したら、金を出す」

この表のように、①国主導から地方主導へ
　　　　　　　②ハードからソフトへ
　　　　　　　③点（拠点）から面（広域、ネットワーク）へ
の流れが、見てとれると思います。

今回の地方創生も、この流れを推し進めたもので、さらに、地方が知恵を出せば、国が助成するというもので、まさに地方の知恵が試されている時代と言えます。

 ちょっとひと休み

自己成就予言と自殺予言

　人間は未来を予言することができる唯一の生き物です。

　予言には、予言したことによって実現してしまう、あるいは、実現が早まってしまう自己成就予言と予言したばっかりに、かえって実現しなくなってしまう自殺予言の2種類があります。

　アセアン通貨危機の際、著名な投資家のジョージ・ソロス氏がマレーシアの通貨、リンギットの下落を予言し、カラ売りを始めたところ、他の投資家も、「あのソロス氏が言うのだから。」と、そのカラ売りに追随（投資業界の用語で、「ちょうちん売り」と言います。）して、あっという間にリンギットが急落し、予言どおりの事態が出現しましたが、これが典型的な自己成就予言です。

　カール・マルクス氏が、唯物史観に基づいて資本主義社会の次に共産主義社会がやってくると予言しましたが、予言どおりに共産主義の社会になっては困る資本家や政治家たちが、儲けを独り占めしないで労働者に配分するといった自己抑制努力や社会福祉政策の取込みなどの政策努力によって資本主義社会が変貌したため、見事に予言が外れてしまいました。

　このように予言したばっかりに……（逆になっちゃった）というような例が、自殺予言です。

　消滅自治体ショック（警鐘）も、自治体の努力によって、自殺予言となると筆者には思われるのですが、如何でしょうか？

あとがき

　この本は、最近大きく変貌している地方自治の現在の姿やシステムについて、初心者に分かりやすく、イメージがつかめるように、印象に残るようにとの思いから執筆しました。
　具体的には、「山椒魚」などの小説で有名な井伏鱒二氏の漢詩の訳をイメージしながら記述しました。

勧酒（于武陵の作）　　井伏氏の訳
勧君金屈巵　　　この杯を受けてくれ
満酌不須辞　　　どうぞなみなみ注がしておくれ
花発多風雨　　　花に嵐の例えもあるぞ
人生足別離　　　サヨナラだけが人生だ

　本書も、この井伏氏の訳と同様に、根幹の正しさは最重要視していますが、枝葉末節については正確さよりも、分かりやすさを重視した書き方をしています。

　この漢詩も一字一字を正確に訳すると、次のようになります。

勧君金屈巵　　　酒盃（曲がった取っ手のついた金属製の酒盃）を君に勧めよう
満酌不須辞　　　たっぷりと注いだこの杯を断ってはいけない
花発多風雨　　　春に花が咲いても風や雨に多く悩まされるように
人生足別離　　　人生もまた悲しい別れがいっぱいあるのだから
　（二松学舎大学文学部　牧角悦子教授の訳）

　地方自治法にも一条一条を正確に解説した地方自治関係者の定本『新版　逐条地方自治法（第8次改訂版）』（松本英昭著　学陽書房）があります。さらに、コンパクトにした『要説　地方自治法（第九次改訂版）』（松

本英昭著　ぎょうせい)、『地方自治法の概要（第6次改訂版)』（松本英昭著　学陽書房）がありますので、より深く、より精確に研究したい方は、これらの本をご参照ください。

　また、法律の話が詳しい入門書として『地方自治法概説（第6版)』（宇賀克也著　有斐閣）が、地方自治関連の判例の解説として『別冊ジュリスト　地方自治判例百選（第4版)』（磯部力・小幡純子・斎藤誠編　有斐閣）があります。

　筆者自身も、先に挙げた書物を参照しましたが、より精確に、より深く研究したい読者にとっても、参考になる文献と思われます。

著者

索　引

あ行

- アウトソーシング ……………… 156
- 赤字団体 ……………………… 141
- e－入札 ………………………… 152
- 委員会 ………………………… 110
- 違憲立法審査権 ………………… 170
- 依存財源 ……………………… 138
- 委託費 ………………………… 135
- 一事不再議の原則 ……………… 112
- 一部事務組合 ………………… 194
- 一体性の原則 …………………… 94
- 一般競争入札 ………………… 153
- 一般財源 ……………………… 138
- 一般市 ………………………… 26
- 一般職の公務員 ………………… 79
- 一般選挙 ……………………… 107
- 上乗せ条例 …………………… 172
- 閲覧 …………………………… 58
- 応益原則 ……………………… 74
- 応益主義の原則 ……………… 130
- 応能原則 ……………………… 74
- 応能主義の原則 ……………… 130
- 公の施設 ……………………… 157
- 公の施設の区域外設置 ……… 176
- オンブズマン ………………… 219

か行

- 会期不継続の原則 …………… 112
- 会計管理者 …………………… 89
- 会計事務 ……………………… 154
- 会計年度 ……………………… 147
- 会計年度独立の原則 ………… 148
- 外見上村長の職務行為（判決）……… 80
- 外国人の地方参政権（判決）………… 64
- 外部監査制度 ………………… 165
- 加工情報 ……………………… 219
- 勝馬投票券発売税 …………… 213
- 合併 …………………………… 189
- 合併特例区 …………………… 200
- 合併特例債 …………………… 190
- 過半数 ………………………… 115
- 官から民へ …………………… 229
- 監査委員 ……………………… 96
- 官製談合防止法 ……………… 154
- 関与の最小化 ………………… 207
- 関与の類型化 ………………… 205
- 関与法定主義 ………………… 205
- 議院内閣制 …………………… 88
- 議員の解職請求 ………………… 68
- 議員の被選挙権 ……………… 107
- 議会運営委員会 ……………… 111
- 議会事務局の共同設置 ……… 196
- 議会の解散請求 ………………… 68
- 議会の議決 …………………… 101
- 機関の共同設置 ……………… 192
- 議決事項の追加 ……………… 103
- 議事機関 ……………………… 104
- 議事公開の原則 ……………… 111
- 基準財政収入額 ……………… 134
- 基準財政需要額 ……………… 134
- 規則 …………………………… 180
- 基礎的地方公共団体 …………… 20
- 規程 …………………………… 183
- 寄付 …………………………… 138
- 君が代起立（判決）……………… 93

義務付け規定	233
客観説	57
求償権の行使	155
給与	141
狭域行政	199
教育委員会	96
行政委員会	96
行政委員会法定主義	97
行政客体	16
行政区	27
行政刑罰	177
行政財産	136、162
行政主体	16
行政責任明確化の原則	36
行政評価	146
行政評価条例	146
業務委託	156
居所	55
区域	75
区域外設置	170
区長公選制	23
国立マンション（判決）	184
国地方係争処理委員会	212
国の権限委譲	210
国の専属事務	49
継続審査	112
決算	144
決算委員会	144
原案執行予算	123
減額修正	150
現金主義の原則	151
健全財政	140
建築確認	35
憲法優位説	170
権力は腐敗する	101
公安委員会	96
広域事務	37
広域的地方公共団体	21
広域連合	192
公営企業会計	151
公益上必要がある場合	155
公害防止条例	222
合議制機関	99
公共団体	212
公金	70
公債費	141
構成要素	75
構造改革特区	187
拘束型	65
公表	217
公布	217
公平委員会	96
公平の原則	129
公報	216
後法は先法に優先する	169
公民権停止	107
公用施設	158
効率性の原則	129
国税5税	134
国勢調査の人口	24
告発	113
個々面接	93
国庫支出金	135
個別監査契約	166
固有権説	47
コラボレーション（協働）	223

さ行

最高法規	169
財産の売却収入	137
歳出	129
最少経費で最大効果	142
最小限度の原則	205
財政再生団体	141
財政力指数	133
最大多数の最大幸福	14
最低制限価格	153
歳入	129

歳入歳出予算説明書	148
財務監査の請求	71
債務負担行為	148
残任期間	86
時間外勤務手当	79
自己決定と自己責任	203
自主財源	138
市場化テスト	156
自然人	55
地蔵像（判決）	51
自治会	224
自治権	75
自治財政権	75
自治事務	38
自治組織権	75
自治体の構成要素	75
自治体のホームページ	216
自治紛争処理委員	213
市町村優先の原則	36
自治立法権	75
執行機関多元主義	97
失職	67
指定管理者	161
シティ・マネジャー制度	127
事務監査	71
指名競争入札	153
諮問型	65
シャウプ3原則	37
収益事業	212
住基ネット（判決）	60
住所	54
住所要件	82
自由選挙	62
住民	54
住民監査請求	70
住民基本条例	220
住民基本台帳	58
住民基本台帳人口	24
住民基本台帳登録抹消（決定）	59
住民基本台帳番号	60
住民投票条例	220
住民自治の原則	13
住民訴訟	71
住民票コード	60
重要事項留保説	170
主観説	57
首長制	88
出席停止の懲罰（判決）	116
純計予算主義	149
消極的要件	82
常任委員会	110
情報公開条例	219
将来の課税権	136
使用料	137
昭和の大合併	189
職務専念義務	90
職務代理者	90
職務命令	92
書面主義	209
処理基準	209
侵害留保	170
新中央集権主義	229
人件費	141
人事委員会	96
随意契約	153
随時監査	100
出納整理期間	144
生活の本拠	54
請願	113
請願書	114
政教分離の原則	50
制限的公開	59
制限的列挙	102
政策法務	174
性質別の分類	130
政治主導	229
成人年齢	62
正統性	46

制度的保障説	47	地方債	136
成文法	169	地方自治の本旨	21
政務活動費	118	地方自治は民主政治の最良の学校	17
成立要件	25	中央から地方へ	229
政令指定都市	26	中核市	26
積極的要件	81	懲戒処分	91
折衷説	57	町村総会	104
選挙管理委員会	96	ちょうちん行列（判決）	52
選挙権	62	町内会	224
専決処分	123	長の解職の請求	67
全部留保説	170	長の再議	120
選良	114	長の多選禁止	87
増額修正	150	長の不信任議決	84
総計予算主義	149	長の予算の提出権	151
総合計画	142	懲罰	115
総合性の原則	94	直接協定	160
租税条例主義	131	陳情	210
租税法律主義	131	津地鎮祭（判決）	50
空知太神社（判決）	51	定期監査	100
存続要件	25	定例会	109
		手数料	137

た行

第1次地方分権	231	出直し選挙	67
第1号法定受託事務	41	電子入札	152
代執行	206	伝来説	46
大統領制	88	道州制	198
第2次地方分権	231	徳島市公安条例（判決）	172
第2号法定受託事務	41	特定財源	138
玉串料（判決）	51	特定目的会社	158
談合	153	特別委員会	111
団体自治の原則	18	特別区	22
地域自治区	200	特別交付税	135
地域主権改革関連三法	232	特別職の公務員	79
地域通貨	49	特別多数	115
地位利用による選挙運動	92	特別地方公共団体	21
地縁による団体	224	特別配慮義務	43
知事の住所（判決）	56	特別法は一般法に優先する	169
秩序罰	177		
地方交付税	134		

な行

ナマ情報	219

奈良県ため池条例（判決）	172	ふるさと納税	57
2月議会	109	分割	189
2007年問題	223	分限処分	91
入札	152	分立	189
New Public Management の手法	175	兵役年齢	62
任期	62	並行権限の行使	209
年長者優先	90	平成の大合併	190
能率の原則	36	包括監査契約	165

は行

廃置分合	189	法源	168
廃藩置県	47	法人	55
白山ひめ神社（判決）	51	傍聴	109、217
発生主義の原則	151	法定外税	132
パブリック・コメント条例	220	法定受託事務	38
PFI手法	158	法律上の争訟	116
被選挙権	82	ホームレスの住所（判決）	56
必置機関	104	補完事務	37
秘密会	109	補欠選挙	107
秘密を守る義務	91	補助機関	89
百条調査委員会	112	補助金	135
平等使用の原則	157	補助執行	98
広島市暴走族追放条例（判決）	179	北方4島の戸籍事務	40
比例の原則	178	本会議	110
VFM	160		

ま行

副区長	89	マイナンバー	60
複合的一部事務組合	194	まちづくりNPO	224
副市長	89	マニフェスト	224
副村長	89	身分保障	91、108
副知事	89	民主主義のコスト	15
副町長	89	明確性の原則	94
付属機関	97	明治の大合併	189
負担金	135	メリットシステム	90
負担付寄附	138	目的効果説	51
普通交付税	134	目的別の分類	130

や行

普通財産	162	役場の区域外設置	176
普通地方公共団体	21	有権者	67
不文法	169	要綱	183
普遍性の原則	131		

横出し条例 ………………………… 172
予算書 ……………………………… 148
予備費 ……………………………… 143

ら行

落札 ………………………………… 152
流用 ………………………………… 143
利用料金制 ………………………… 161
臨時会 ……………………………… 109

累進課税 …………………………… 130
例示的列挙 ………………………… 78
レファレンダム …………………… 73
連絡調整事務 ……………………… 37

わ行

枠組み法 …………………………… 131
枠付け規定 ………………………… 233
割当的寄附金等の禁止 …………… 74

平谷　英明（ひらたに　ひであき）

1950年兵庫県に生まれる。1973年京都大学法学部卒業、自治省（現総務省）に入り、地方自治体と国で地方自治に携わる。福岡市企画課長、埼玉県財政課長、高知県総務部長、自治省給与課長などを経て、現在、帝京大学法学部で行政法、地方自治法を講義するとともに、自治大学校で地方行政演習、条例作成指導などを行っているほか、地方職員共済組合審査会委員、地方公務員災害補償基金運営審議会委員などを務めている。
また、地方自治研究機構の講師として全国各地で法制執務、新しい条例作成の手法などの講義を行っているほか、高知県観光特使、全国ふるさと大使連絡会議常任理事、調布市行財政改革推進会議会長、狛江市安全安心まちづくり推進協議会会長として地域における実践的な活動も行っている。

主な著書に、『行政法の新展開』（学陽書房　平成17年）
『安全・安心の行政法学』（ぎょうせい　平成21年　共著）
などがある。

一番やさしい地方自治の本　第2次改訂版

2006年7月20日　初版発行
2011年3月1日　5刷発行
2012年3月26日　第1次改訂版発行
2015年8月20日　第2次改訂版発行

著　者　平谷英明（ひらたにひであき）
発行者　佐久間重嘉
発行所　学陽書房

〒102-0072　東京都千代田区飯田橋1-9-3
営業部／電話　03-3261-1111　FAX　03-5211-3300
編集部／電話　03-3261-1112
振替　00170-4-84240

装幀／佐藤博
印刷／東光整版印刷　製本／東京美術紙工
© Hideaki Hiratani 2015, Printed in Japan

ISBN 978-4-313-16592-2　C1032
乱丁・落丁本は、送料小社負担にてお取り替えいたします。

学陽書房　地方自治の本

新版 逐条地方自治法
〈第8次改訂版〉

松本英昭〈著〉

Ａ５判　1752頁　定価：本体15000円＋税

地方自治法の解釈・運用の定本！　平成26年の大都市制度の見直しなど自治法の大幅な改正や新行政不服審査法の制定、地方創生関連施策などを盛込み、全面的に見直した最新版。発刊後、大きな法令改正があった場合「追録」を無料送付。

地方自治制度〈第7次改訂版〉

久世公堯〈著〉

Ａ５判　316頁　定価：本体2400円＋税

現行地方自治制度を体系だてて解説した、昭和55年刊行以来版を重ねてきた地方自治制度の定番テキスト。議会制度改革、大都市制度の見直し等に係る平成24、26年の自治法大改正を踏まえ全面的に内容を見直した最新版！　新採職員から管理職まで、あらゆる階層の職員を対象とした「地方自治制度」研修テキストとして最適！

学陽書房　地方自治の本

はじめて学ぶ地方自治法
〈第１次改訂版〉

吉田 勉〈著〉
Ａ５判 204頁 定価：本体2000円＋税

初学者が読めるように、地方自治法を必要最小限の内容に収めた最も頁数の少ない自治法入門！　地方自治法のポイントを92項目に整理。各項目は見開きを基本として、複雑な制度や数値は図表で整理しているので、誰でも容易に自治法の全体像がつかめる。

明快！
地方自治のすがた

山口道昭〈編著〉出石 稔〈著〉
Ａ５判 296頁 定価：本体2700円＋税

政策法務の第一人者が、自治体の仕事と組織、役割についてその全体像を平易に説いた基本テキスト。自治法体系と自治制度を主軸に据えながら、公務員制度、自治体経営、自治制度改革といった変化の激しい自治の動きも詳解。平成26年公布の自治法・公務員法・行政不服審査法・行政手続法の改正による新制度も詳解した『入門地方自治〈第一次改訂版・2012年〉』の改題新版。

学陽書房　地方自治の本

一番やさしい自治体財政の本
〈第1次改訂版〉

小坂紀一郎〈著〉
Ａ５判　180頁　定価：本体1700円＋税

「行政には関心があるけど、基本となる財政のことはさっぱり…」という方のために、税金のしくみ、地方交付税、予算といった財政のイロハから、財政診断や現状の問題点までが、理解できる絶好の入門書。

図解よくわかる 自治体財政のしくみ
〈第2次改訂版〉

肥沼位昌〈著〉
Ａ５判　192頁　定価：本体1900円＋税

自治体財政の基礎知識から財政改革まで、複雑な内容をシンプルにわかりやすく解説。2002年の初版刊行以来、自治体職員、議員、市民に読み継がれてきたロングセラーの改訂版。今版では、改めて決算数値等のデータを全編にわたって見直すとともに、「持続可能な財政のポイント」などの項目を盛り込んだ。